예술적
상상력

예술적
상상력

보이는 것 너머를 보는 힘

오종우 지음

어크로스

일러두기

1. 책 제목과 잡지명은《 》, 문학작품 중 단편이나 시, 음악, 미술, 영화 등의 작품과 일간지
   는〈 〉로 묶었습니다.
2. 음악 및 영상 작품은 본문에 삽입된 QR코드를 통해 감상하실 수 있습니다.(2019년 12월
   31일 기준)
3. 맞춤법과 외래어 표기는 현행 규정과《표준국어대사전》을 따랐지만 일부 관례로 굳어
   진 것은 예외로 두었습니다.

프롤로그

●

찬비가 내리는 늦가을, 도시의 거리는 운치가 있다. 물기를 머금은 가로수의 잎들은 선명해지고 빗물에 한 잎 두 잎 떨어지는 여러 빛깔의 잎사귀들이 도로를 덮는다. 이런 날 커다란 창문이 있는 카페에 앉아 따뜻한 커피 한 잔 앞에 두고 밖을 바라보면 감상에 젖는다. 그런데 그날 거리의 청소부는 쌓인 낙엽을 쓸어내기 더 힘들어진다. 물에 젖은 낙엽은 잘 쓸리지 않는다.

눈이 오고 바람이 부는 겨울, 바다는 감상에 잠기게 만든다. 물결은 높게 일고 파도 소리는 마음을 건드린다. 눈이 내리는 바다의 풍경은 환상적이기까지 하다. 이런 날 페치카가 있는 따뜻한 바닷가 찻집에 앉아 뜨거운 찻잔을 두 손에 안고 바다를 바라본다. 겨울 바다의 풍경이 가슴을 울린다. 그런데 그날 어부는 가족의 생계를 위해 혹독한 눈보라를 맞으며 그물을 걷어 올려야 한다. 손이 얼어 굽어 움직임은 더디지만 고기 잡는 일을 그만둘 수는 없다.

모든 예술은 꿈을 담는다. 험하고 고단하게 살면서 우리는 더 나은 세상을 바란다. 그런데 예술이 꾸는 꿈은 망상과는 다르다.

현실이 혹독하다고 그것으로부터 도망치려는 꿈은 아무리 그 바람이 멋지다 해도 이룰 수 없다. 꿈속에서 산다면 도리어 살아가는 세상이 더 곤란하고 가혹해질 뿐이다. 현실을 잊고 도피하려는 꿈은 망상이 되어 삶을 마비시킨다.

예술은 가을비 내리는 거리를 내려다보는 통창의 카페 안에 있지 않다. 예술은 겨울 바다와 멀찍이 떨어져 그저 감상에 젖는 안락한 실내에 있지 않다. 세상에서 도피하여 현실을 비현실적으로 외면하는 곳에 예술이 있지 않다.

예술은 거리 청소부가 빗자루를 든 그 길에 있다. 예술은 차가운 바다 위 고깃배에 어부와 함께 있다. 그곳에서 예술은 현실을 진정으로 만난다. 그럴 때 꿈은 현실감을 띠고 세상을 조금씩 바꿀 수 있다. 세상을 바꾸겠다고 이념으로 얼룩진 구호를 외치는 것은 예술이 하는 일이 아니다.

예술을 막연히 아름다운 일이라고 불러도 될까. 예술을 감상적으로 대하면 진짜 예술을, 치열한 예술가를, 위대한 예술작품의 진면목을 만나기 어렵다. 그것은 카페에 앉아 가을비 내리는 거리를 바라보며 따뜻한 실내에서 멀리 겨울 바다를 구경하는 모양을 닮았다.

감상에 젖는 일은 영혼을 침윤한다. 감정 과잉 상태인 감상은 허허롭기만 하다.

●

지난 몇 년간 써온 초고를 마친 이번 가을의 어느 날, 거리를 걷다 밤처럼 생긴 열매를 까먹고 쓰다며 뱉는 아이들을 봤다. 열매는 꼭 밤같이 보였지만 가로수 마로니에의 것이었다. 진짜와 가짜의 구분이 어지러운 시대의 모습이 떠올랐다. 가짜가 진짜 행세를 하니 진짜가 바보스럽게 보이는 시절이다.

옛적 어느 나라에 삼 형제가 사이좋게 살고 있었다. 맏이 세묜은 군인이었고 둘째 타라스는 상인이었으며 셋째 이반은 농사를 지었다. 사람들은 이반을 바보라고 불렀다. 다정하게 지내는 형제들을 본 마귀가 아주 기분이 상했다. 악마가 가장 좋아하는 것은 악이 늘어나는 일인데 이 삼 형제는 다툴 줄을 모르니 영 못마땅했다.

마귀들이 모여 꾀를 냈다. 형제들이 망하면 집안에 얼마 안 남은 것을 차지하려고 불화가 일어나지 않겠느냐며 그들이 하는 일에 훼방을 놓기로 했다. 그 수는 그다지 어렵지 않았다. 군인 세묜에게는 무모한 용기를 불어넣었다. 그랬더니 세묜은 세상을 정복하겠다는 야심이 생겨 군대를 크게 일으켜 이웃 나라로 쳐들어갔다. 용기가 넘쳐 전략도 세우지 않고 무작정 전쟁을 벌였다가 그는 크게 지고 말았다. 상인 타라스에게는 욕심을 심었다. 타라스는 많이 팔아서 큰돈을 벌 생각으로 물건을 엄청나게 사들였다가 폭삭 망하고 만다.

바보 이반은 배탈이 나게 하고 또 그가 경작하는 땅을 딱딱하게 만들었다. 그러나 이반은 배가 아파도 묵묵히 쟁기질을 했다. 그는 그저 자기가 할 일에만 열중했다. 그렇게 이반이 밭을 거의 다 갈자 악에 받친 마귀가 땅 밑에 숨어 쟁기를 잡아당겼다. 이반은 나무뿌리에 쟁기가 걸린 줄 알고 땅을 끝까지 파헤쳐 마귀를 잡고 만다. 이반이 마귀를 땅에다 내리치려고 하니 마귀는 그제야 살려달라며 소원을 뭐든 들어주겠다고 빌었다. 소아시아의 왕 미다스는 만지는 모든 것을 황금으로 변하게 해달라고 했다지만, 바보는 그저 아픈 배를 낫게 해달라고만 했다. 마귀는 그에게 약초 세 뿌리를 내주었다.

뿌리 하나는 자신이 먹고 또 하나는 아픈 개에게 먹였다. 병이 깨끗이 낫자 그것을 본 부모가 자초지종을 묻고는 이반에게 아픈 공주 이야기를 들려주었다. 공주에게로 떠날 채비를 하는데 병에 걸린 걸인이 와서 남은 약초도 주었다. 아무것도 남은 게 없었지만 바보 같은 이반은 공주를 불쌍히 여겨 무작정 찾아간다. 이반이 궁궐에 도착했을 때 공주의 병도 나았다. 임금은 기뻐하며 이반을 사위로 삼았다. 얼마 뒤 임금이 죽고 이반이 왕위에 올랐다. 이반은 군주면서도 호화로운 옷과 푸짐한 음식을 거절하고 그냥 자기 자리에서 그가 해야 할 일을 성실히 했다. 나라에 분란이 생기면 어떤 편법도 쓰지 않고 그 일에 맞는 방법으로 처리했다. 그는 어떤 일에도 술수를 부리지 않았다. 약삭빠른 똑똑한 사람들이 이반의 나라를 떠났다. 이반의 나라에서는 사람들이 눈앞의 실리를 챙기려는 욕심을 내지 않고 다른 이를 시샘하지 않으며, 바보처럼 성실하게 자기 할 일을 해나갔다. 세월이 흐르자 다른 곳으로 떠났던 사람들이 돌아왔다. 잔머리를 부려봤자 별 소득이 없었고 사는 모양도 불편했던 것이다. 그들도 이반의 나라에서는 더 이상 놀고먹지 못했다. 이반을 닮은 사람들이 사는 나라는 좋은 나라가 되었다.

레프 톨스토이Lev Tolstoy(1828~1910)의 단편 〈바보 이반〉(1886) 이야기다. 톨스토이는 이 책에서 앞으로 우리가 종종 만나게 될 것이다.

●

지금 우리는 급변하는 시기를 살고 있다. 많은 것들이 빠르게 변하여 새로운 질서를 창조하는 상상력이 꼭 필요한 때다. 그러기 위해서는 세상의 온갖 편견, 가짜와도 맞서야 한다.

제멋대로 펼치는 자의적인 공상을 상상력으로 혼동하기도 한다. 창조로 이어지는 진짜 상상력은 인류 역사에서 단 한 번도 사라지 않은 예술에서 나왔다. 예술의 근간은 상상력이고 그 상상력은 창조를 이뤘다. 예술적 상상력은 창조의 토대였다.

이 책에서 우리는 상상력의 근원인 예술이 무엇이며, 그 예술이 어떻게 문명을 일으켰는지 살피려고 한다. 예술이 무슨 모습으로 현실과 만나는가도 알아볼 것이다.

예술을 먼 곳의 딴 일로, 또는 한갓 오락거리로, 아니면 나와 무관한 전문적인 특정 영역으로 여길 수도 있겠다. 예술을 낯설어하는 독자들도 우리 삶의 문명을 이룬 예술적 상상력을 탐구하면 좋겠다. 여러 예술 장르를 통해 어떻게 상상력을 만들 수 있는지 체험하며 즐길 수 있도록 각 장 끝에 부록을 실었다. 사람은 누구나 본래 예술가이고 예술적 상상력은 인격을 형성한다.

때로 우리는 현실의 본모습을 제대로 보기 힘들어한다. 예술적 상상력은 보이는 것을 꿰뚫어 그 너머의 보이지 않는 것을 드러나게 하는 힘이며 삶을 고양하는 능력이다. 우리는 예술작품을 만나 현실을 더 잘 보고 더 잘 듣고 더 잘 느낄 수 있다. 모두가 예술적 상상력을 발휘해 새롭게 보고 새롭게 듣고 새롭게 느끼며 새 세상을 창출할 수 있다. 축구에서 골이 나올 때는 공격수가 새로운 공간을 창조하는 순간이다. 이 책은 또한 예술작품이 어떻게 새로운 시간과 공간을 창출하는지를 다뤘다.

《예술적 상상력》이 어크로스 출판사에서 나와 기쁘고 고마운 마음이다. 책을 만드는 일에도 뛰어난 상상력이 필요하다. 김형보 대표, 박민지 편집자, 어크로스의 모든 식구들께 감사드린다. 원고를 다듬어 책을 만든 서지우 편집자께 특별히 감사의 인사를 드린다.

혁명의 시대다. 예술적 상상력이 이 시대의 새로운 기준이 될 것이다.

1장

상상력은 어디서 올까

피카소의 〈두 자매〉가 던지는 질문

파블로 피카소, 〈두 자매〉, 1902

피카소Pablo Picasso(1881~1973)가 뛰어난 예
술가가 된 이유를 알 수 있는 그림이 있다. 〈두 자매〉는 피카소가 스
물한 살에 그린 작품이다. 그저 그림 그리기를 좋아하고 또 잘 그렸
던 청년은 1901년 여름, 파리의 생라자르Saint-Lazare 병원을 방문해 두
자매의 만남을 목격한다. 두 자매는 어린 시절 부모를 여의고 흩어
져 살았다. 한 번도 만나지 못한 채 각기 다른 인생을 산 그들은 수
녀와 창녀가 되었다. 오랫동안 헤어졌다가 뜻밖에 병원의 매춘부 수
용 병동에서 만났지만 기쁨은 잠시, 서로의 처지가 너무나 달랐다.
피카소는 두 자매의 기막힌 사연을 잊을 수 없었다. 바르셀로나로
돌아온 피카소는 두 자매가 남긴 짙은 인상을 꼬박 일 년에 걸쳐 그
려 이듬해 여름에 그림을 완성한다.

그림에서 어느 쪽이 수녀이고 누가 창녀일까.

오른쪽의 여인을 수녀라고 생각하고 왼쪽을 창녀로 보기 쉽다. 그러
나 거꾸로 왼쪽이 수녀고 오른쪽이 창녀가 된 자매다. 블라우스를 풀
어 젖힌 오른쪽 여인의 왼쪽 팔에 아기의 검은 머리가 조금 보인다.

창녀가 된 여인은 세상에 분노를 품고 살아왔다. 어린 나이에 고

아가 되어 힘겹게 지내면서 사람들의 학대를 받고 농락을 당해 몸이 더럽혀졌다. 무시와 경멸을 받을수록 세상을 향한 분개가 커졌다. 수치를 느낄수록 자신을 스스로 지켜야 했다. 분노는 자기 보호의 모습이다. 입을 굳게 다물고 눈을 부릅떴다. 그 앞에 선 수녀는 머리를 들 수 없다. 친자매의 기구한 운명에 고통스러워하며, 세상 모든 죄의 죄인이 된 심정이다. 슬픔으로 고개를 숙였다.

수녀는 감호 병동에 봉사하러 왔다가 병을 치료하며 아기를 돌보고 있는 자신의 자매를 우연히 만난다. 그림에 흐르는 팽팽한 정적. 무슨 말을 할 수 있을까. 해후한 두 자매는 침묵에 잠겼다. 그럼에도 맨발의 두 자매가 어울린 모습에서 병마와 고독의 고통 너머 슬픔을 위로하는 친밀한 가족적 유대가 느껴진다. 수녀 뒤로 아치가 보인다. 아치가 있는 곳에서 희미한 빛이 나오고 있다.

피카소는 무엇이 남달랐을까

20대 초반에 피카소는 소외되고 학대받는 사람들을 주로 그렸다. 도스토옙스키Fyodor Mikhailovich Dostoevsky (1821~1881) 소설의 주요 등장인물처럼 걸인, 장님, 행상, 유랑인, 노숙자가 그림의 주인공이다. 그들을 파란 색조가 감싼다. 아기를 품에 안은 여인 옆으로 섬뜩한 느낌을 주는 배가 다가오는 〈바닷가 여자와 아기〉(1902), 고통으로 웅크린 인물들을 배경으로 아무 표정 없는 두 남녀가 벌거벗은 채 서로 의지하고 있는 〈인생〉(1903), 바닷가에서 추위에 떠는 바짝 야윈 세 가족을 그린 〈비극〉(1903), 한 손에 빵 조각

파블로 피카소, 〈인생〉, 1903

을 들고 다른 손으로 물병을 더듬는 〈장님의 식사〉(1903). 인생의 우수
가 푸르게 물들어 있다. 청색 시대라고 불리는 이 시기를 지나 피카
소는 사람의 내면을 그리기 시작한다. 그는 외형을 해체해서 그 외
면을 만든 내면을 그려 입체파cubism라고 불리는 표현법을 열었다.

도발과 파격으로 창의적 상상력을 발휘한 피카소. 특정 양식에 얽매이거나 안주하지 않아 화풍의 연속성이 없는 화가. 신인상주의, 원시주의, 미래주의, 신고전주의, 초현실주의 등 여러 사조를 넘나들었고 입체파를 열었으며, 드로잉, 유화, 판화, 도예, 조각 등 다양한 작품 활동을 했다. 연극의 의상을 고안하고 무대 장치를 만들고 문학 작품의 삽화를 그리고 직접 시를 쓰고 두 편의 희곡을 내놓기도 했다. 그는 새롭고 대담한 표현으로 때로는 질시 섞인 험담을 들었지만, 통념에 젖어 뒷소리나 하는 못난 사람들을 개의치 않고 카리스마 넘치는 자세로 생명 본능과 삶의 희열을 맹렬하게 드러냈다.

러시아 상트페테르부르크 예르미타시미술관Gosudarstvenny Ermitazh 4층, '피카소의 방'이라 불리는 431홀은 〈두 자매〉를 보기 위해 많은 사람들이 모여드는 곳이다. 이 그림은 관람자에게 꼭 질문을 던진다. 누가 수녀고 누가 창녀인가. 〈두 자매〉는 편협한 통념에 젖은 사람들을 부끄럽게 만든다.

기교가 뛰어나다고 예술가가 되는 것은 아니다. 그저 그림을 잘 그린다고 화가가 되는 것도 아니다.

늘 도발적인 예술가, 창의성의 화가 피카소. 그는 인간의 아픔과 슬픔을 볼 수 있는 눈을 가지고 있었다.

혁명의 정의마저 바꾸는 시대

엄청나게 변하는 시대다. 우리가 짐작하는 것보다 이 시대는 더 빠르게 변하고 있다. 이 시대의 변화를 4차 산업혁명이라고 부르기도 한다. 2016년 1월 스위스 다보스에서 열린 세계경제포럼에서 포럼을 창립해 회장을 맡고 있는 클라우스 슈바프Klaus Schwab가 세상이 제4차 산업혁명 시기에 접어들었다고 주창한 이후 많은 이들이 4차 산업혁명을 이야기하고 있다. 이는 2011년부터 독일 정부가 제조업 경쟁력 강화를 위해 추진하고 있던 '산업 4.0'Industrie4.0이라는 명칭에서 따온 것이다.

그러나 지금의 변화를 산업혁명industrial revolution이라는 옛 용어로 설명하기는 어렵다. 이 용어는 제임스 와트James Watt(1736~1819)의 증기기관을 비롯한 기술 혁신이 18세기 후반부터 약 100년 동안 산업혁명을 이끌었다는 경제사학자 아널드 토인비Arnold Toynbee(1852~1883)의 강의를

제임스 휘슬러, 〈녹턴: 배터시강〉, 1878
산업혁명 이후 연무가 짙게 끼어 있던 19세기 런던의 풍경.

묶은 책《영국의 산업혁명 강의》(1884)를 바탕으로 널리 사용됐다. 약 200년 전 공장의 굴뚝은 새로운 세상이 열렸다는 사실을 알렸다. 수공업에서 벗어나 물품을 대량으로 생산하는 제조업은 당시 산업의 혁신 형태였다. 이제 이 개념은 낡아버려 지금의 변혁을 설명하기 어렵다. 더군다나 차례를 매겨 4차라고 한다면 그다음은 5차로, 현대의 변화를 산업의 틀에 가둬 미래를 만들 상상력을 묵살하는 일일 것이다.

인간의 삶을 유지하는 데 실질적으로 중요한 경제는 인류의 역사 속에서 세 단계를 거쳤다. 노예제에서 봉건제로 다음에는 자본제로. 그것은 경제의 바탕이 되는 힘을 가리킨다. 지금 그 힘이 바뀌고 있다. 자본 다음의 경제 원동력은 무엇일까? 상상력과 창의성이 될 것이다. 인류 문명사에서 경제의 근간이 세 단계를 지나 다음 단계로 진입하고 있다. 창의성이 굴뚝 산업의 종말을 고하며 의식이 바뀌는 시대다. 지금의 변화를 설명할 수 있는 옛 단어가 있다면 혁명뿐이다.

기존의 규범이 붕괴하고 새 질서가 등장해 세상을 바꾼다는 혁명. 혁명은 업그레이드나 개선을 뜻하지 않는다. 혁명은 '바꾸다', 즉 전환을 말한다. 음악의 곡조에서 조성이 달라지는 변조나 그림의 형상에서 패턴이 바뀌는 모습과 같다. 혁명은 전혀 다른 차원으로 진입하는 일이다.

본래 혁명revolution이라는 단어는 회전revolútǐo을 뜻하는 라틴어에서 나왔다. 폴란드의 천문학자 니콜라우스 코페르니쿠스Nicolaus Copernicus (1473~1543)가 그동안 사람들이 믿어왔던 천동설을 뒤집고 지동설을 밝힌 《천체의 회전에 관하여》(1543)라는 저서를 낸 후, 회전이 혁명이라는 의미로 사용되었다. 과학혁명을 이끈 자연과학의 언어가 정치경제로, 일상으로 들어온 것이다. 코페르니쿠스의 전회Copernican revolution는 회전이라는 뜻 그대로 지구가 돈다는 의미지만, 오랫동안 태양이 도는 줄 알았던 사람들에게 충격을 주어 이전의 가치관이 바뀌는 혁명의 의미로 확장되었다.

지금 진행되고 있는 혁명은 혁명의 정의마저 바꾸고 있어서 더 혁명적이다. 혁명은 기존 논리를 단번에 깨뜨리고 새로운 질서를 급격하게 세우는 일을 가리키는데, 이제는 계속해서 바뀐다. 어느 규범도 지배 위치에 올라 안정상태로 머물지 못하고 항상 다른 질서에 밀려난다. 모든 분야에서 끊임없이 변화하고 혁신하는 과정이 지속된다. 현대인들이 피로를 호소하며 이른바 힐링을 찾는 이유가 여기에 있다. 어떤 일들은 알아채기도 전에 변화하며 혁명은 계속된다.

어째서일까? 그 까닭은 현대의 혁명을 테크놀로지가 주도하는 데서 찾을 수 있다. 과학기술의 속성은 끊임없는 혁신에 있다. 전화기가 없던 시절에는 직접 찾아가서 만나야 대화를 나눌 수 있었다. 전화기가 등장해 멀리 사는 친지와 안부를 주고받을 수 있는 통신소통의 혁신을 이루더니 이동하면서도 사용할 수 있는 휴대폰으로, 휴대폰은 스마트폰으로 바뀌고, 스마트폰의 용도는 나날이 전환하고 있다. 변화에 가속도가 붙어 엄청나게 빨라졌다.

서로 달라 무관한 요소들이 예전에는 각자 따로 있거나 그저 덧셈의 관계를 맺었다면 이제 곱셈을 지나 서로 거듭제곱하며 얽힌다.

숫자로 표현하면 쉽게 볼 수 있는데, 5와 3을 예로 들자면 5, 3이 따로 있다가 $5+3=8$, $5 \times 3=15$, $5^3=125$ 또는 $3^5=243$으로 전환하고 있는 셈이다. 같은 숫자 5와 3이지만 관계의 변화로 8이었던 시절을 지나 15를 넘어 125나 243으로 급속하게 바뀐다.

과학기술에서 돌이키는 일은 무의미하다. 이를테면 컴퓨터나 전자제품의 기능은 하루가 다르게 진화하니, 오래되어 희귀한 골동품antique의 의미를 지닐 수 없다. 옛 테크놀로지는 그냥 과거의 기술 수준을 알려줄 뿐이지 더 이상 작동하지 않아, 그것을 사용하며 예전 생활 방식을 느긋하게 누리고 추억에 잠길 수 없다. 소프트웨어를 업데이트하고 나면 이전 버전을 다시 사용하기는 어렵다. 이제 첨단 테크놀로지가 지능도 만들더니 인간의 지능을 넘어서는 인공지능이 등장했다.

인간적 VS 기계적

2016년 3월 바둑의 고수 이세돌 9단이 인공지능 알파고AlphaGo와의 대국에서 패하고 만다. 이 사건은 일반인들에게 인공지능을 알게 해줬을 뿐 아니라 인공지능 전문가들에게도 충격을 주었다. 매사추세츠 공과대학 물리학 교수로 2014년 설립한 미래생명연구소Future of life institute를 이끌며 인공지능의 활용을 연구하는 맥스 테그마크Max Tegmark도 이 대국을 보고 인공지능 시스템이 직관과 논리를 결합해 창의성을 발휘하는 모습에 깜짝 놀랐다고 밝혔다. 이후 알파고는 알파고 마스터AlphaGo Master로 진화하더니 알파고 제로AlphaGo Zero로 도약한다.

알파고 제로는 이전의 두 알파고와 달리, 완전히 자기만의 방식으로 바둑의 수를 불과 36시간 만에 전개했다고 2017년 10월 19일 과학저널 《네이처》가 소개했다. 차원이 다른 단계로 진입한 버전이다. 스스로 바둑을 익힌 알파고 제로는 알파고와의 대국에서 100승 무패로 전승을, 알파고 마스터와의 대국에서는 89승 11패를 기록했다.

사람의 도움이 없이 스스로 바둑을 둔 알파고 제로는 인간 지능을 훨씬 능가하는 초지능super intelligence의 가능성을 예고하고 있기도 하다. 알파고에서 알파고 마스터로의 진행은 업그레이드지만, 알파고 제로의 등장은 전환을 의미한다. 지금은 바둑뿐 아니라 모든 게임의 법칙을 스스로 터득해 최강의 실력을 발휘하는 알파 제로Alpha Zero도 나왔다.

인류는 도구를 사용하면서 진화했다. 우리가 사는 주위를 둘러보면 온통 인공물이다. 크고 작은 기구들은 물론이고 입고 있는 옷도 먹는 음식도 모두 자연 그대로가 아니라 인류가 발명하거나 가공한 인공물들이다. 사람에게 그저 자연인 사물은 거의 없다.

새로운 도구의 개발은 생활 패턴을 바꾸고, 그 변화를 혁명이라 부른다. 옛 산업혁명은 그 대표적인 경우로 증기기관이 발명돼 에너지원이 바뀌고 삶의 패턴이 크게 전환한 일이었다.

지금이 혁명인 것은 사람이 사용하는 모든 인공물의 성격이 확 바뀐다는 점에 있다. 우리는 '기계적'이라는 말을 정확하고 규칙적이나 감정이나 창의성 없이 맹목적이고 수동적이라는 뜻으로 쓰고 있다. 기계적이라는 단어에는 두뇌 작용이 없다는 의미가 담겨 있었다.

혁명은 단어의 뜻과 문법을 바꾼다. 언어에는 사람들 사이에서 오랫동안 축적된 약속이 담긴다. 그런데 관습이 더 이상 통하지 않아 언어의 소통이 불완전하거나 말이 현실을 왜곡하기 시작하면 문법은 바뀐다. 단어의 뜻도 변한다.

이제는 '기계적'이라는 말이 이전과 같은 의미를 지니지 않는다. 기계가 지능을 갖추기 시작해 기계적이라는 단어의 원래 의미가 사라지고 있다. 나아가 사람을 둘러싸고 있는 모든 인공물들이 두뇌를 지니게 될 날도 성큼 다가오고 있다. 옷을 입으면 인공지능이 작동하여 심리상태를 말해주고 음식을 섭취하면 체질에 맞춰 변이를 일으키고 위장과 대장의 형편을 알려줄 시대로 진입하고 있는 것이다.

도구의 발명으로 혁명을 이야기했다면, 이제 도구 자체의 성격이 바뀐다. 그러하니 이전 혁명보다 더한 진짜 혁명이 일어나고 있는 셈이다. 지금 혁명은 전방위에 걸쳐 규모도, 파급력도, 전개 속도도 엄청나다. 무엇이 인간인지, 인간 이해마저 바꿔놓을 기세다.

지능을 갖춘 사물이 우리를 향해 '당신은 인간인가' 하고 묻고 '그럼 인간임을 증명해보라'고 요구한다. 이미 초보적인 버전은 나왔다. 컴퓨터에 침투하는 악성 프로그램이나 스팸을 막기 위해 별나게 휘고 일그러진 문자나 숫자를 읽고 입력하게 하는 캡차CAPTCHA는 이용자가 '사람인지 컴퓨터인지 구별하는 자동 튜링 테스트'completely automated public Turing test to tell computers and human apart ✦의 약자다. 인공지능이 금방 우그러진 글자도 잘 읽어내니 행동 패턴으로 사람과 인공지능을 구별하는 리캡차reCAPTCHA도 나왔다. 이제 곧 모든 사물이 우리를 향해 인간인지 물을 것이다. 그렇다면 어떻게 인간임을 증명할까, 무엇이 인간인가.

앞으로 모든 사람은 지금의 스마트폰처럼 자신에게 최적화된 인공지능과 함께 살 것이다. 소유한 인공지능 개수와 성능에 따라 빈부 격차처럼 생활 격차가 크게 벌어질 테지만, 어쨌든 누구나 인공지능 하나쯤 곁에 두려고 할 것이고 또 대부분 지니게 될 것이다.

그러면 미래의 삶은 어떨까. 하루를 인공지능과 함께 시작한다. 외출을 준비하면서 오늘은 무슨 옷을 입을지 물을 것이다. 어떤 일이 있고 어느 장소를 가는데 거기에 적합하면서 나에게 어울리는 옷은 무엇일까. 이런 경우를 대비해서 이미 인공지능은 휴일 옷가게에 가서 어떤 옷을 갖춰놓으라고 지시했을 것이다. 옷장을 인공지능이 내 생활에 맞춘 옷들로 채워놓았다. 또한 아침 식사는 어떻게 해야 하는지 알려줄 것이다. 칼로리와 건강 상태를 고려하고 입맛과 그날 할 일까지 따져서 식단을 정해준다.

그날 만날 사람이 누구인지, 그와 어떤 대화를 나눌 것인지 대화

♦ 영국은 2019년 7월 15일 가장 큰 고액권 50파운드 지폐에 새 인물을 새기겠다고 발표했다. 그동안 50파운드에는 증기기관을 발명한 제임스 와트와 그의 동업자 매튜 볼턴의 초상을 인쇄했다. 앞으로는 그 자리에 앨런 튜링Alan Mathison Turing(1912~1954)이 나온다. 튜링은 2차 세계대전 당시, 매일 코드가 바뀌어 절대 풀지 못할 줄 알았던 에니그마라고 불리는 독일 나치스의 암호 체계를 해독해서 약 1400만 명의 생명을 구한 인물이다. 그가 1936년에 만든 튜링머신은 이후 컴퓨터로 발전했다. 그는 또한 에니그마를 푸는 기계를 설계하면서 인공지능의 출현을 예언한 인물이기도 하다. 영국의 50파운드 화폐는 새로운 세상을 연 인물을 담아왔다. 이전에 산업혁명을 일으킨 와트였다면 이제 튜링이다. 이는 지금의 혁명이 산업혁명의 아류 즉 4차 산업혁명이 아니라 완전히 다른 혁신이라는 점을 상징적으로 말해준다. 튜링의 예상처럼 지금 인공지능이 일상화돼가고 있다.

의 소재도 알려주고 만날 사람의 성향에 맞춰 처신해야 할 태도를 가르칠 것이다. 어떤 일을 하고 휴식은 몇 시에 어떻게 취하고 교통 수단으로는 무엇을 이용하는지 일거수일투족, 크고 작은 동작 하나 하나 알려줄 것이다.

이쯤 되면 사람들은 인공지능 없이 살기 힘들다. 스스로 판단하지 못하고 남의 뜻에 따라 움직인다는 '기계적'이 기계가 아닌 인간에 게 적용될 것이다. 기계는 판단하여 지시하고 인간은 그 판단에 따라 기계적으로 움직인다. 그렇다면 이때 '인간적'이라는 단어는 지금의 '기계적'의 뜻을 가지게 되지 않을까.

'짐승보다 못한 인간'이라는 말이 있다. 정말 못되고 고약한 사람 을 보면 하는 말인데, 이 표현은 인간이란 무엇인지 묻는 질문이기 도 하다. 무엇이 인간일까. 이 질문은 능력을 묻고 있지 않다. 동물 은 사람보다 선천적으로 더 강하다. 치타는 인간보다 더 빠르고, 곰 이나 호랑이는 힘이 더 세며, 독수리는 날아다닌다. 우리와 가까운 개도 고양이도 사람보다 더 잘 듣고 냄새도 더 잘 맡는다. 그리고 더 날렵하다.

'기계보다 못한 인간'이라는 말은 어떤가. 이 역시 능력으로 인간 을 말하는 표현이 아니다. 기계는 이미 사람이 하지 못하는 힘든 일 을 해왔고 앞으로는 인간보다 더 지능이 발달해서 잘 판단한다. 처 리 속도에 있어서는 사람을 훨씬 능가한 지 오래다. 그렇다면 앞으 로 우리는 꾸준히 물어야 한다. 무엇이 인간인가. 인간임을 어떻게 증명할 수 있을까. 더 나아가, 이 책 뒤에서 다루겠지만, 위대한 인간이란 어떤 사람을 가리킬까.

두 가지 사고방식

레프 톨스토이의 《안나 카레니나》(1877)에서 안나와 함께 또 한 명의 중요한 인물인 레빈은 작품 마지막 8부에 가서 문득 이렇게 중얼거린다.

> 생명이 어디에서 태어나고 무엇 때문에 주어졌으며 무슨 이유로 존재하고 원래 무엇이었는가 하는 문제에 대해 별 생각 없이 그것을 누리는 사람들이 두려워졌다……. '나는 도대체 무엇인가? 나는 왜 이 세상에서 살고 있는가를 알지 못하고는 도저히 살 수가 없다.' 레빈은 마음속으로 중얼거렸다.

누군가가 오랜 친구와 술 한잔 기울이며 레빈처럼 '나는 도대체 무엇인가', '왜 이 세상에 살고 있지', '삶의 의미는 무엇일까' 하고 중얼거린다면 이런 대답을 들을 것이다. '먹고살기도 바쁜데 왜 사는가가 왜 나와.' 가족 앞에서 '나는 왜 살지'라고 말한다면 모두 깜짝 놀라 크게 염려할지도 모른다.

그러나 톨스토이의 레빈이 말하듯이 인생을 살면서 인생을 사유하지 않는 사람, 삶을 누리면서 삶의 의미를 생각하지 않는 사람은 두려운 존재다.

흉악 범죄가 일어나면 우리는 어떻게 사람이 그럴 수 있는가 하고

치를 떨며 강하게 처벌해야 한다고 소리 높인다. 그래서 범죄를 예방하는 차원에서 형벌을 강화하기도 했다. 그런데 범죄가 줄었을까. 줄기는커녕 더 늘고 더 흉포해지진 않았나. 이는 처벌 제도에 구속되지 않는, 그것도 자율성이라면 자율성을 지닌 인간이기 때문이다.

만일 흉악 범죄를 저지르는 사람들이 왜 살까, 인생의 의미는 무엇일까 하고 사유했다면, 분명히 세상에서 범죄는 줄었을 것이다. 어떤 즉각적인 실리를 챙기려는, 또는 품은 감정을 분출하는 흉악 범죄들이 말이다. 그렇다면 레빈의 말이 맞다. 삶을 살면서 그 삶을 사유하지 않는 사람, 인생을 사유하지 못하는 사람은 무서운 존재다.

여기서 사유를 인식과 구분하여 생각할 필요가 있다. 인간의 사고방식은 크게 두 가지로 나눌 수 있다.

인식은 사물을 분별하고 판단하여 아는 일로 논리적인 추론 과정을 거친다. 어떤 문제가 닥쳤을 때는 그것을 해결하는 능력이기도 하다. 이 능력을 지능이라고 한다. 추론의 토대가 되는 지식이나 사물을 헤아리는 지력은 지능검사로 측정 가능하다. 이러한 능력이 펼쳐지는 부분은 특별히 속도에 있다. 밝혀 설명하고 문제를 해결하는 능력에서 망설이고 머뭇거리는 일은 결함이 된다.

사유는 측정할 수 없고 수치화할 수 없는 그것 자체다. 인식은 무엇을 인지하여 결과를 내놓는다. 그러나 사유는 특정 결과를 산출하는 순간 끝나 소멸한다. 생각이라는 단어가 고정된 명사라기보다 진행하는 동명사의 성격을 띠고 있듯이 사유는 끊임없이 지속된다. 그것은 인생과 함께 시작하여 인생의 끝남과 함께 사라진다. 그러므로 인생 자체이고, 인간 자체다.

지능은 측정할 수 있다. 지상의 생명체들 가운데 인간이 가장 우수한 지능을 지녔는데, 이제 인공지능이 지력을 가지고 사람보다 더 뛰어난 초지능을 발휘한다. 그러나 사유는 인간에게만 있는 사고방식이다.

인식은 다양한 것들을 점차 하나의 해결책으로 수렴해나간다. 사유는 어떤 고민에서 시작해 다른 것들로 확산해간다. 그렇게 전혀 무관한 것들을 연결해서 사유의 폭을 넓힌다. 이때 상상력이 발휘된다. 예술은 사유와 맞닿아 있다.

AI의 작품도 예술이 될까

간혹 우리는 자연의 멋진 풍경을 바라보며 '예술이야' 하고 감탄하곤 한다. 그렇게 말한다면 그 경치를 보는 사람의 마음 안에서 예술 작용이 일어났다는 뜻이다. 자연은 결코 스스로 멋지거나 아름답지 않다. 그것에 감동한 사람이 있는 것이다. 그래서 같은 풍광을 보고도 아무런 감흥을 느끼지 못하는 사람들도 있다. 예술은 순수하게 인간의 활동이다.

인공지능의 발달로 무엇이 인간인가 하는 질문을 제기하는 시대에 사람답다는 것은 과연 무슨 뜻일까. 예술이 인간만의 행위이기에 우리는 그 대답을 예술에서 들을 수 있다. 또한 예술작품을 통해서 사람을 사람답게 하는 것들을 생각해볼 수도 있다. 예술은 항상 인간답다는 것을 말하고 있고, 또 인간다운 것들과 끊임없이 상호작용한다. 앞으로 이야기할 주제다.

물론 인공지능이 기존의 예술작품들을 활용해서 그림을 그린다든지 작곡을 한다든지 하지만, 인공지능이 산출한 작품은 알고리즘에 따라 데이터 혼합의 논리적인 과정을 추진한 결과물이다. 그것은 기존 논리를 뒤집어 혁명적인 전환을 낳는 창조와 다르다. 그러한 산출을 흥미로워하는 것은 고흐Vincent van Gogh(1853~1890)와 샤갈Marc Chagall(1887~1985)을 어떻게 조합했는지, 베토벤Ludwig van Beethoven(1770~1827)과 슈베르트Franz Peter Schubert(1797~1828)를 섞은 결과는 어떠한지 기교를 즐기는 모습이다. 그러한 작품은 인공지능이 얼마나 더 흥미를 유발하느냐로 평가한다. 예술작품을 흥밋거리나 오락물로 여긴다면 예술이랄 수도 있겠다. 그러나 인공지능의 작품에는 어쩔 수 없이 영혼이 담기지 않는다.

〈Break Free〉 by Taryn Southern
AI가 작곡한 곡을 타린 서던이 불렀다.
이 곡에 영혼이 담겼다면 타린 서던이 불어넣은 것 아닐까.

우리가 쓰는 말 가운데 분명하게 풀어 설명할 수 없는 단어들이 꽤 있다. 그 가운데 영혼도 무어라 명확하게 규정하기 힘든 말이다. 이럴 때 비유를 통해서 이해하면 좀 더 쉽게 그 뜻에 접근할 수 있는데, 아리스토텔레스Aristoteles(B.C. 384~B.C. 322)는 인간과 영혼의 관계를 눈과 시력으로 설명한 바 있다. 눈동자는 있되 시력이 없으면 볼 수 없다. 물론 봐도 보지 못하는 사람이 있는가 하면 못 봐도 보는 사람이 있으니, 말년의 베토벤이 청력은 없으나 소리는 있어 〈합창 교향곡〉(교향곡 9번, 1824)과 같은 위대한 작품을 썼다. 아리스토텔레스의 설명은 협소하고 논리적 결함을 지녔지만 단순한 비유로 영혼과 인간의 관계를 이해할 수 있게 해준다. 눈은 눈이되 시력이 없으면 눈이 제 기능을 발휘할 수 없듯이, 영혼이 없어도 겉으로는 사람으로 보이겠으나 진짜 사람이라고는 할 수 없다. 이렇게 영혼은 인간의 일부가 아니라 인간의 이유다. 그러나 영혼 없는 인간도 있다.

영혼 없는 인간

오토 아돌프 아이히만Otto Adolf Eichmann(1906~1962)은 2차 세계대전 때 홀로코스트의 실무 집행자였다. 그는 스물여섯의 나이로 1932년 독일 나치스에 입당한 후 친위대에 들어가 유대인 이주 업무를 담당하다가 1941년부터 유럽 각지에서 강제수용소로 유대인을 보내는 일을 했다. 자신이 500만 유대인을 가스실로 보냈다고 역겨운 자랑을 늘어놓던 아이히만은 종전 이후 아르헨티나로 도피했다가 1960년 5월 이스라엘 정보기관에 붙잡혀 예루살렘에서 재판을 받는다. 한나 아렌트Hannah Arendt(1906~1975)는 이 재판 과정을 지켜보며 《예루살렘의 아이히만》(1963)을 쓴다. 보고서 형식의 이 책에서 아렌트는 법정의 근간인 정의justice라는 차원에서 아이히만의 재판을 지켜보다 난점에 부딪쳤다고 토로한다. 차라리 아이히만의 극악한 의도를 확인했다면 정의 문제는 쉽게 해결했을 것이다.

아렌트에 따르면 아이히만은 악한이 아니라 성실하게 임무를 수행한 인물이었다. 그는 언제나 법률을 준수하는 시민으로서 해야 할 일 즉 의무를 성실하게 해냈다. 그는 수백만 명의 남녀와 아이들을 죽음으로 내몰라는 명령을 이행했고 법을 준수했다. 군중의 요구로 예수에게 사형 판결을 내리고 손을 씻으며 죄가 없다고 한 본디오 빌라도에 자신을 비유하며 아이히만은 아무 죄가 없다고 책임을 회피한다. 만약 문제가 있다면 자기도 오류의 희생자라고 뻔뻔하게 말했다. 그는 사유하지 않은 것이 아니라 사유를 제대로 하지 못하는, 사유 능력이 부재한 인물이었다.

아렌트는 극도의 악행이 사유하지 못함에서 나온다는 점, 그래서 악은 일상화되고 진부할 정도로 퍼져 악인지 인지하기 어렵다는 점을 밝힌다. 아렌트는 보고서를 마치며 무사유가 낳은 인간성 파괴를 '악의 평범성'banality of evil이라고 불렀다.

아렌트의 보고서는 세상에 만연한 악이 사유 부재에서 나오는 일이라는 통찰을 준다. 지금도 이와 유사한 모습들을 주위에서 보고, 또 앞으로 기계화된 인간의 시대에는 더 빈번하리라 예상할 수 있기에 아렌트의 보고서를 주목할 필요가 있다. 혹시 우리 안의 아이히만이 없는지 돌아보게 만든다. 아이히만은 자기가 하는 행동이 무슨 일을 초래하는지 상상력이 결여돼 생각하지 못하고 현실감을 상실한 채 마비되어 기계처럼 행동했다. 사유하지 못하고 영혼이 깃들지 못한 인간은 악마였다.

많은 사람들이 지능을 중시한다. 지능도 물론 중요하지만, 정답이 없는 일을 무가치하다고 여기며 인간의 역량을 지력으로만 가늠하는 건 곤란하다. 톨스토이의 레빈이 말했듯이, 아렌트가 보고하듯이, 사유하지 않으면 위험하다.

인격을 상거래의 대상으로 다루며 계약과 재판과 판결이 이어지는 셰익스피어William Shakespeare(1564~1616)의 코미디 《베니스 상인》(1596~1598)에서 불쑥 음악이 흐르면서 다음과 같은 대사가 나온다. "내면에 음악이 없는 자, 감미로운 음의 조화에 감동하지 못하는 자, 협잡과 음해와 노략질만 그에게 어울린다. 그런 자의 정신은 밤처럼 무디고, 그런 자의 정서는 지옥처럼 캄캄하다. 그런 사람을 믿지 마라. 음악에 귀를 기울이라." 이 대사에서 음악은 예술을 뜻한다.

보이는 것 너머

피카소는 예술을 탐구한 예술가다. 그는 엘 그레코 El Greco(1541~1614), 니콜라 푸생Nicolas Poussin(1594~1665), 렘브란트Rembrandt Harmensz van Rijn(1606~1669), 프란시스코 고야Francisco José de Goya y Lucientes (1746~1828), 자크루이 다비드Jacques-Louis David(1748~1825), 외젠 들라크루아 Eugène Delacroix (1798~1863), 귀스타브 쿠르베Jean-Désiré Gustave Courbet(1819~1877), 폴 세잔Paul Cézanne(1839~1906)의 작품들을 해석하는 작업을 했다. 벨라스케스Diego Velázquez(1599~1660)의 〈시녀들〉(1656)은 유화를 포함한 53점의 작품으로 다시 그렸고 마네Édouard Manet(1832~1883)의 〈풀밭 위의 점심 식사〉(1863)는 27점의 회화, 140점의 소묘, 18점의 골판지 조각, 3

점의 판화로 풀어냈다. 그것은 예술 대가들의 작품이 실제의 모습을
재현한 따분한 그림이 아니라 세상을 지각하면서 새로운 현실을 사
유하는 상상력의 작업임을 확인하는 일이었다.

그 가운데 예술 행위와 세상 사이의 관계를 염두에 둔 '화가와 모
델'은 피카소가 100점이 넘는 유화와 500여 점의 데생과 판화로 집
요하게 작업한 시리즈의 제목이다. 그는 예술가와 세상의 관계를 특
별히 주목했다.

예술가란 어떤 존재라고 생각하는가? 화가는 눈만 달렸고 음악가는 귀

파블로 피카소, 〈화가와 모델〉, 1928
"그림은 결코 아파트를 치장하려고 그리는 것이 아니다."

만 붙었으며 시인은 그저 리라만 잘 연주할 줄 아는 멍청이라고 생각하는가? 예술가는 처참하고 비통한 상황이나 사건들에 눈을 부릅뜨고 세상의 모든 역경이며 기쁨에 공감할 줄 아는 존재다. 예술가가 무슨 배짱으로 현실에 무심할 수 있단 말인가. 그림은 결코 아파트를 치장하려고 그리는 것이 아니다.

〈화가와 모델〉 연작을 그리면서 피카소가 주목했던 그림은 2장에서 다룰 요하네스 페르메이르Johannes Vermeer(1632~1675)의 〈회화 예술〉(1666~1668)이다. 피카소는 옛 거장 페르메이르의 작품으로부터 눈에 보이는 것만 다가 아니며, 창의성이 남들이 보지 못하는 세계를 보는 능력임을 확신했다.

●

세상의 어떤 슬픔도, 어떤 아픔도 말로 풀어 설명할 수 있다면 그것은 견딜 만한 일이다. 그림 〈두 자매〉에 흐르는 침묵. 어린 나이에 고아가 되어 흩어진 두 자매가 맞닥뜨린 모진 세상. 어떤 말로도 표현할 수 없는 아픔과 슬픔이야말로 진짜 고통이다.

그림도 음악도 시도 영화도, 예술작품은 일상의 언어로 완벽하게 옮길 수 없다. 예술은 관습 언어로 짜인 기성 논리의 차원에 머물지 않고 말로 형용할 수 없는 세계에 있다.

세상에는 창의성과 상상력이 나오는, 끊임없이 사유해야 하는, 말로 형용할 수 없는 세계가 있다.

삶은 주어지는 것이 아니라 창조하는 것

한 라디오 PD의 특강을 청해 들은 적이 있다. 라디오는 오래전 TV가 나오면서 쇠락할 거라는 진단을 받았지만 여전히 다른 세상을 만나게 해주는 매력을 발산하고 있어서 더 특별하다. 그 강연에서 귀가 번쩍 뜨이는 이야기를 들었다.

그는 학창 시절 방송반 활동부터 시작해 지금 즐겁게 방송국에서 지내는 이야기를 하는 중에 본래 소리에 민감했고 또 다양한 음색을 좋아했기 때문에 라디오 PD가 됐다고 했다.

미래의 희망을 이야기하자고 하면 우리는 흔히 직업을 든다. 판사나 검사, 장군, 장관, 기업인 등 특정 직업을 꿈이라고 내놓는 것이다. 직업의 부류를 희망이라고 말할 때 많은 경우 그것이 지닌 특성이나 가치보다 누리고 싶은 이득, 가령 권력이나 금력 등을 따진다. 기업인이라도 해도 여러 분야의 사업이 있고 장관 역시 외교, 내무, 교육, 농업 등 전문 영역이 있는데 그런 것은 개의치 않고 막연하게 장래 희망이라고 부른다.

좋아하는 일을 하라고들 말하지만 그 의미를 제대로 사유하는 이는 적다. 라디오 PD는 소리를 좋아해서 방송 일을 택했다고 했다. 그렇다. 소리나 색감 또는 움직임과 같은 여러 감각 중에서 어느 감각이 더 발달했고 또 좋아하는지 알 필요가 있다. 그래야 그것과 관련된 일을 선택해 즐기면서 할 수 있다. 그것이 바로 좋아하는 일을 하는 것이다.

　초등 교육에서 꼭 필요한 학습은 그래서 예술과 놀이다. 노래를 부르고 각종 악기를 불고 켜고 두드리고, 그림도 그리고 종이도 오려 붙이고 축구도 하고 춤도 춘다. 초등 교육에서 영어 단어를 더 외우고 수학 문제를 잘 풀게 하는 것은 기성의 틀로 어린아이를 주조하는 일이다. 그렇게는 인생이 행복해질 수 없을 뿐 아니라 세상의 진짜 가치를 만나지도 못 한다. 욕심은 서로 상처를 주고 해를 입힐 뿐이다.

　우리는 살아 있음을 언제 느낄까. 병을 앓으면 조금이라도 움직이는 일이 무척 힘들어진다. 음식을 먹어야 기운을 차릴 텐데 때로는 미음을 넘기기 힘들 때도 있다. 숨을 크게 쉬기 어려워 몸을 자꾸 웅크리게 된다. 만사 귀찮기만 하다. 그러다가 마침내 건강을 회복하면 그땐 새삼 모든 것이 새롭다.

　마시는 물의 맛도 달라지고 들이켜는 공기도 특별하게 느껴진다. 살아오면서 익숙했을 만도 한데 아팠다가 회복되면 주위의 모든 것이 산뜻하게 다가온다. 오감이 살아났기 때문이다. 감각들이 되살아나서 살아 있음을 느낀다.

단순히 예술가가 되기 위해서 예술을 학습하지 않는다. 음악을 듣고 노래를 부르며 춤을 추고 그림을 그리면서 우리는 개성을 찾는다. 개성을 지닌 사람은 타인을 시기하지 않는다. 욕심이 아니라 관심을 따른다. 여러 개성들이 만나 세상을 이룬다. 그럴 때 우리가 함께 살아가는 사회도 건강해진다.

삶은 어떻게 살라고 정해져 주어진 것이 아니라 스스로 창조해야 하는 숙제다.

2장

보이는 것은 보이지 않는 것으로부터

예술가들의 예술가, 페르메이르가 보여준 세계

요하네스 페르메이르, 〈천문학자〉, 1668

　　　　　　　　　한 남자가 몸을 앞으로 숙이고 지구
본을 만지며 골똘히 생각에 잠겼다. 창문 아래 놓인 책상에 그가 방
금 읽은 책이 펼쳐져 있다. 스테인드글라스가 있는 창문으로 햇살이
들어온다. 좁은 실내가 답답하지 않다. 남자는 지금 그가 상상하는
우주에 있다.

　페르메이르는 〈천문학자〉(1668)를 그린 다음 해에 〈지리학자〉(1669)를
내놓았다. 이 그림에서 지리학자는 컴퍼스로 지도를 측정하다 눈을
들어 창문 쪽을 바라본다. 창문을 통해 들어오는 환한 빛. 특히 지도
를 밝게 비춘다. 그는 지도 위 어느 곳을 떠올리고 있다. 실내는 좁지
만 그는 넓은 세상으로 나가 있다.

　천문학자를 당시 용어로 번역하면 점성가라고 해야 할 것이다. 현
대 천문학은 천체물리학astrophysics이라고 불린다. 그때에는 점성가가
천문학자였다. 점성가라고 해서 점쟁이와 같이 비합리적이고 마법
적인 점을 치는 존재를 뜻하는 건 아니다. 이미 기원전 6세기에 피
타고라스도 그랬듯이, 천체의 운행을 따져 우주가 지상에 미치는 영
향을 정교한 방식으로 파악해서 예측하는 학자다. 일식이나 월식,

요하네스 페르메이르, 〈지리학자〉, 1669

달의 주기에 따른 영향, 기후 변화 등을 수학에 입각한 계산을 통해서 헤아렸다. 천체의 순환을 관찰하고 그 영향을 패턴으로 파악해 지상에서 벌어지는 일을 우주의 원리로 이해했다. 페르메이르가 활동한 시기는 독일의 천문학자 케플러Johannes Kepler(1571~1630)가 행성의 궤도를 밝힌 이후이기도 하다. 지리학자도 당시에는 탐험가였다. 콜럼버스Christopher Columbus(1451~1506), 마젤란Ferdinand Magellan(1480?~1521) 등이 대항해시대를 연 다음이었다.

두 그림은 인류가 살아가는 넓은 영역을 보여준다. 직사각형들이 간결한 느낌을 주는 실내로 빛이 스며들어 드넓은 우주와 광활한 세상을 상상하게 만든다. 우주와 세상을 눈에 보이게 그렸다면 상상력을 제약했을 것이다.

그림을 보는 관람객을 넓은 우주와 세상으로 불러내는 페르메이르의 화법은 정밀하게 대비하는 색조로 빛의 성질과 현상을 연구하는 광학optics 발전을 예고한다. 훗날 신인상주의 점묘법pointillism의 선구자로 불린 페르메이르는 맑고 차분한 빛으로 넓은 세계를 대면하는 고요한 느낌을 그렸다.

변혁을 이해하지 못할 때

세상이 무척 소란스럽다. 사람들이 급변하는 시대에 무엇을 어떻게 해야 할지 몰라 두리번거리느라고 시끄럽다. 그러다가 뭔가 있다고 하면 우르르 몰린다. 혁명이 낳은 시대의 모습인 셈인데, 흐름에 뒤떨어질 것을 두려워해서 대세를 좇고 통념을 찾는 일은 역설적으로 시대 변화를 거스른다. 남들과 다른 창의적 상상력으로 새로운 흐름을 창출하는 이들을 원하는 시대의 요구로부터 한참 벗어나 있다.

사람들은 불안하니까 쏠린다. 두리번거리다 우르르 몰린다. 혁명의 시대, 업그레이드가 아니라 전환하는 시대를 수동적으로 맞이할

조르주 쇠라, 〈그랑드자트섬의 일요일 오후〉, 1886

수밖에 없는 사람들이 처한 상황을 혁신적인 방식으로 그린 그림이
있다. 〈그랑드자트섬의 일요일 오후〉. 이 그림에는 사람들이 많아 소
란스러울 것 같은데도 왠지 적막감이 흐른다.

　강변에 많은 사람들이 차려입고 나왔다. 정장을 입고 중절모를 쓴
남자들이 시가나 지팡이를 들고 서거나 앉아 있다. 파이프를 문 남
자는 풀밭에 비스듬히 누웠다. 크리놀린을 안에 입고 스커트를 한껏
부풀려 멋을 낸 여인들이 여기저기 모자를 쓰고 양산을 들고 있다.
함께 나온 어린아이들도 드레스 차림에 모자를 썼거나 꽃 장식으로
머리를 묶었다. 한껏 멋을 낸 사람들 옆으로 강아지도 따라 나왔고
목줄을 맨 원숭이도 보인다.

강 위에는 하얀 돛을 단 범선과 요트가 떠 있다. 조정경기용 보트에는 양산을 든 여성 타수와 네 명의 선수가 타 있고, 멀리 작은 증기선도 다닌다. 오후의 햇살이 가득해, 바로 앞쪽으로는 나무 그늘이 짙게 드리워졌다. 대기가 투명하다.

강변 휴양지로 몰린 사람들 때문에 무척 시끄러울 것 같은데, 그림의 풍경에는 왠지 알 수 없는 묘한 적막감이 흐른다. 문득 시간이 정지한 느낌. 화창하기에 적막감이 더 크게 느껴진다. 휴일을 맞아 파리 외곽 북서쪽 센강의 휴양지 그랑드자트섬에 사람들이 몰린 풍경을 그린 그림이다.

조르주 쇠라Georges Pierre Seurat(1859~1891)는 이 그림을 1884년부터 1886년까지 3년에 걸쳐 몇 번을 다듬으며 정성껏 그렸다. 가로 3미터, 세로 2미터가 넘는 큰 화폭에 작은 색점을 하나하나 찍으며 세심하게 그렸다. 처음에 이 그림은 혁신적인 표현 방식이 낯설어 사람들의 혹평을 받았다. 쇠라는 디프테리아에 걸려 서른두 살의 나이로 세상을 떠났지만 그의 점묘법은 신인상주의neoimpressionism라는 새 미술 사조를 낳는다. 그는 유기화학자 미셸 슈브뢸Michel Eugne Chevreul (1786~1889), 물리학자 오그던 루드Ogden Nicholas Rood(1831~1902)가 각각 밝힌 빛과 색의 특징에 관한 광학 연구를 토대로, 팔레트에서 물감을 섞지 않고 원래 색 그대로 캔버스에 점점 찍었다. 색점들이 그림을 보는 사람 눈에서 혼합 현상을 일으킨다는 광학 연구를 반영한 표현이었다.

팔레트나 캔버스에 여러 색을 섞으면 색깔의 세기가 줄어들지만,

각각 색점으로 찍으면 빛깔은 유지되면서 시각에서 혼합된다. 가령 붉은색 옆에 파란색을 찍었을 때와 주황색을 찍었을 때, 대비 효과로 인해 붉은색의 밝기가 다르게 보인다. 각 색깔은 맑은 채도를 유지하면서 광학적으로 섞여 동시에 흐릿한 분위기를 낳는다. 그렇게 쇠라는 투명한 대기를 표현하면서 적막감을 창출했다.

이때는 산업혁명으로 사람들의 삶이 크게 변하던 시절이었다. 일자리가 많은 대도시 파리로 사람들이 몰려들었다. 쇠라는 한동안 매주 일요일 이 섬에 나가 사람들의 모습을 면밀하게 관찰하여 여러 점의 습작을 그리면서 〈그랑드자트섬의 일요일 오후〉에 매달렸다.

주일 미사나 예배를 마친 파리의 사람들이 강가 휴양지로 나와 휴일의 마지막을 보내고 있다. 본격적인 일상이 시작되기 직전의 일요일 오후. 그림에 흐르는 적막감은 화가가 굳이 작품에 '일요일 오후'라는 제목을 붙인 것에서 알 수 있다. 월요일이 다가오는 일요일 오후, 정지한 듯 알 수 없는 정적이 흐른다.

이 막연한 분위기는 지금 이 시대에도 느낄 수 있다. 확연히 다른 미지의 시대를 맞아 막막하고 아득하다.

무슨 일이 닥치기 직전 우리는 새로운 일을 맞아야 하는 불안을 느낀다. 그 느낌은 쓸쓸할 정도로 고요하다. 폭풍의 강도가 클수록 더 적막하기만 하다. 혁명의 시대인 지금, 혁명이라는 말에 걸맞은 뭔가 엄청난 변혁이 닥칠 것을 예상하면서도 그것의 실체를 알 수 없어 불안해하며 주위를 두리번거린다.

쇠라의 이 그림은 미래가 현재에 스며든 작품이다.

스틸 라이프의 정신

       모든 것이 바뀌는 시대. 사람들이 분주할 수밖에 없다. 이런 시기를 잘 살기 위해서는 정신이 건강해야 한다. 그렇다면 정신이 건강하다는 건 어떤 상태를 말하는가.

    폴 세잔은 유독 사과 정물화를 많이 그렸다. 포도나 바나나가 아니라 왜 하필 사과였을까. 세잔은 사물을 유난히 오랫동안 관찰하며 그림을 그렸다. 그래서 그가 그린 인물화의 모델은 주로 아내였다. 다른 사람들은 움직이지 않고 같은 자세로 긴 시간을 버티기 힘들어

폴 세잔, 〈병과 사과 바구니가 있는 정물〉, 1895

세잔의 모델이 되는 일을 사양했기 때문이다. 사과는 그냥 놔둬도 다른 과일보다 잘 변하지 않는다. 세잔이 사과 정물화를 많이 그린 이유다.

세잔의 사과 정물화를 보고 있으면 사과가 손에 잡힐 듯이 살아난다. 오랜 관찰로 그린 덕분이다. 여기서 현대 회화의 출발을 보기도 하는데, 지금 우리에게 중요한 점은 세잔의 사과 정물이 주는 의미다. 세잔의 정물화에서 사과가 이렇게 생겼구나 하는 걸 보는 건 아닐 거다. 정물화를 영어로 still life라고 한다.

사실 still life는 서로 반대되는 단어가 결합한 모순어법이다. 형용사 still은 '잠잠한', '움직이지 않는'이라는 뜻이고 명사 life는 벌떡벌떡 뛰는 활기, 생기, 생명을 가리킨다. 그런데 세잔의 사과 정물에서 우리가 알 수 있는 점은 life를 역설적으로 still이 살린다는 사실이다. 오래 천천히 바라볼 수 있는 능력이 생명을 살린다. 사과는 열매이고, 열매는 성숙의 결과다.

현대 철학을 열었다고 평가받는 니체Friedrich Wilhelm Nietzsche(1844~1900)는 이렇게 말한 바 있다. "우리 문명은 야만 상태로 치닫고 있다. 부산한 자가 이렇게 높게 평가받은 시대는 없었다." 지금은 더 그렇다.

육체가 건강한 사람은 환절기에 감기에 잘 걸리지 않는다. 몸이 허약하면 계절이 변해 기온차가 커지면 몸살로 고생하기 일쑤다. 정신의 건강도 마찬가지다. 변화하는 상황을 견디는 힘이 커야 건강한 정신이다. 이때 중요한 점은 견디는 힘이 그저 자신이 단단하다는 의미가 아니라는 사실이다. 외부를 받아들이는 능력이 크다는 뜻이다.

분주한 시절, 세상을 고요하게 바라보는 건강한 정신이 삶을 살린다는 점을 세잔의 사과 정물에서 볼 수 있다.

불안은 희망의 다른 이름

미래라고 하면 무슨 생각이 떠오를까. 대부분 희망, 기대, 비전과 같은 낙관적인 말을 생각할 것이다. 아직 겪지 않은 시간은 꿈꾸는 어떤 일을 이루고자 하는 설렘을 가져다준다. 또한 발전이니 건설이니 하는 긍정적인 단어도 미래와 쉽게 연결된다. 생산도 역시 미래와 밀접한 말이다.

한편으로는 불안도 미래와 관련된 마음 상태를 가리킨다. 언뜻 생각하면 불안과 희망이 다른 표현처럼 보이지만, 불안은 희망과 기대의 반대편에 있지 않고 설렘과 비슷한 의미를 가지고 있다. 미지의 세상은 그 알 수 없음으로 인해 희망을 낳지만 그만큼 불안을 야기한다. 미래는 설렘과 불안을 묘하게 결합한다.

불안은 공포나 두려움과는 다르다. 공포나 두려움은 알고 있는 특정한 대상을 향한 반응이다. 불안은 오히려 구체적인 대상이 없어서 나타나는 현상이다. 공포나 두려움은 현재의 성격을 띤 반면 불안은 미래와 연결된 상태다. 앞날을 걱정하는 모습은 익숙한 생활에서 벗어나 막연한 상황으로 들어가야 하는 미래를 염려하기 때문에 나온다. 미래가 확정돼 있지 않은 불확정성과, 미래에는 확실한 것이 없다는 불확실성이 불안을 일으킨다. 불명확해서 불안하다.

불안은 현재의 상실을 걱정하는 마음이기도 한데, 거꾸로 보면 확실하지도 확정되지도 않은 미래는 곧 새로운 가능성과 성장을 기대하게 만든다. 희망의 다른 이름이 불안인 까닭이다. 정체되어 익숙한 일에 계속 머무르고 있다면 어떠한 성장도 이룰 수 없고 가능성을 보일 수도 없다.

사람은 미래라는 시간을 현재의 삶에 연결시킨다. 앞날을 불안해하는 마음은 지금 상태에, 그리고 자기만의 세계에 안주하고 있지 않다는 점을 말해준다. 현재의 자신 안에 폐쇄적으로 갇혀 있지 않다는 뜻이다.

상상력과 창의성 역시 미래를 연다는 뜻의 단어다. 상상하고 창조하는 일이 예술의 근본이니, 예술 또한 미래와 밀접하다.

기존 관점에 익숙한 사람들에게 새로운 상상력은 피로한 것으로 때로는 거부감을 일으키기도 했다. 지난 20세기 가장 인상적인 작품으로 꼽히는 마르셀 뒤샹Marcel Duchamp(1887~1968)의 〈샘〉 역시 변기를 예술품이라고 내놓았으니 사람들은 처음에 황당하고 모욕적인 행동으로 받아들였다. 그러나 작가는 이러한 비난을 도리어 예술적으로 반갑게 여겼다. 예술은 혁신과 맞닿아 있기도 하다.

이러한 거부감이 예술을 규정하는 명칭에 스며들기도 한다. 고딕gothic이라는 명칭이 그랬고, 매너리즘mannerism과 바로크baroque도 당시 사람들의 거부감이 담긴 이름이다. 예술의 고딕 양식은 중세 초 로마로 밀고 들어온 북방의 고트족Goth族과는 상관없는데도 문명을 침범한 야만족과 같이 상스럽고 무례하다는 의미로 쓰인 명칭이다.

그러나 고딕 예술은 중세를 대표하는 건축과 조각뿐 아니라 회화의 양식이며 스테인드글라스를 이용해 숭고한 표현법을 만들어냈다. 매너리즘은 지금도 자연스럽지 못하고 틀에 박혔다는 부정적인 뜻으로 사용되는 어휘지만 라파엘로Raffaello Sanzio(1483~1520)와, 6장에서 좀더 깊이 다룰 엘 그레코 등이 구현한 뛰어난 표현법으로 새로운 상상력을 보여준 예술을 칭했다. 바로크는 고딕보다 더 심한 야만의 뜻으로 일그러진 진주를 가리키는 포르투갈어 바로코barocco에서 나와 기이하고 괴상한 기형을 말하지만 회화의 카라바조Caravaggio(1571?~1610), 루벤스Peter Paul Rubens(1577~1640), 음악의 아버지와 어머니로 불리는 바흐Johann Sebastian Bach(1685~1750)와 헨델Georg Friedrich Händel(1685~1759)을 포함하고 있다.

생소한 것을 야만이라고 비난하는 태도는 자신은 문명이라는 우월감을 가지고 낯선 것을 거절하며 자기 규범 안에 갇힌 모습이다. 지금 가장 인기 있는 그림들인 인상주의impressionism의 회화도 처음 등장했을 때에는 광인들의 미친 짓으로 받아들여졌다. 당시 언론에는 심지어 임산부에게 위험한 그림이라는 글이 실리며 전시회를 찾는 발걸음을 막았을 정도였다.

불안한 시절일수록 예술이 더 발달해 다양하게 전개되었다. 이를 통해 존재의 불안을 해소하고 극복하려는 희망이 예술 활동을 절실하게 원한다는 점을 알 수 있다. 기대와 불안이 교차하는 미래를 맞는 사람들은 앞날을 미리 아는 예지를 간절히 바란다. 상상력은 미래를 연다.

예술을 안다는 것

　　　　　　간혹 사람들이 어떤 예술작품을 대하고는 도무지 알 수 없다고 불평을 내놓기도 한다. 음악을 듣다가 혹은 그림을 보다가 영 모르겠다고 못마땅해한다. 그러면서 어떻게 이 작품을 알 수 있지 하고 되묻는다.

알거나 모른다는 건 무슨 말일까. 안다는 것은 처음 접하는 문제를 기존의 논리로 풀어낼 수 있다는 의미다. 4 나누기 2는 2가 되는 나눗셈의 법칙을 알고 나면 24÷4를 설명하지 않아도 그 논리로 6이라는 답을 낸다. 예술작품을 알겠다는 것은 낯설고 새로운 세상을 이미 만들어진 논리로 풀려는 닫힌 자세에서 나온다. 기성 규범에 갇힌 모습이다.

앞장에서 말한 사유와 인식은 완전히 별개의 사고방식이 아니다. 문제를 해결하는 능력인 지능을 제한된 틀 안에서만 작동하지 말고 그 폭을 넓혀야 한다. 문제의 본질을 보려는 사유는 기성 논리에서는 전혀 상관없는 것들을 연합해서 새 논리를 창조하게 해준다. 상상력을 갖춘 사유가 지식의 폭을 넓힌다.

샤갈을 안다고 다시 샤갈의 그림을 보지 않을까. 베토벤을 안다고 또다시 베토벤을 듣지 않을까.

예술작품은 만나고 느끼는 것이다. 이때 기존 인식에 틈이 생겨 새로운 논리가 생긴다. 같은 작품이라도 다시 만나면 새로운 세계가 열린다. 예술작품과 친근해질수록 만남의 기쁨이 커진다. 지난 신문이나 다 배운 교과서를 이미 알기에 다시 펼칠 필요가 없다고 생각하는 일과 다르다.

아무리 음악을 듣지 않는 사람이라도 베토벤의 〈교향곡 5번〉Symphony no.5 in C minor, op.67(1808), 일명 운명 교향곡의 첫 소절은 알고 있다. 웅장함으로 사람들을 압도해 여기저기서 자주 사용하기 때문일 것이다. 빠바바 빰, 빠바바 빰. 그렇게 흔하게 다뤄지다 보니 이제는 상투적인 소리가 된 듯도 하다. 뭔가가 운명으로 닥치는 분위기를 첫 소절에서 느낄 법도 한데 너무 진부해졌다. 운명 교향곡을 정식으로 들으면 그런 생각과 달리 소름 돋는 감동이 몰려오지만, 실제로 듣지 않으면서 빠바바 빰이 판에 박혀 운명의 진중한 의미가 퇴색할 정도다. 여기서 〈교향곡 5번〉의 4악장을 들어보자. 험한 세상을 이겨내고 운명을 개척한 인간의 환희를 담은 운명 교향곡 4악장. 친밀성은 감동을 배가한다. 알고 있다고 머릿속으로만 생각한다면 감동할 수 없다.

루트비히 판 베토벤, 〈교향곡 5번〉 4악장 by Leonard Bernstein

철학자 이마누엘 칸트Immanuel Kant(1724~1804)는 예술은 학습으로 창출되지 않음을 뉴턴Isaac Newton(1642~1727)의 과학적 성과와 비교한다. "사람들은 뉴턴이 그의 자연철학의 원리들에 대한 불후의 저작에서

논술한 것을, 그러한 것을 찾아내는 데에 제아무리 뛰어난 두뇌가 필요했다 할지라도, 모두 능히 배울 수 있다. 그러나 사람들은 시 예술을 위한 지시 규정들이 아무리 상세하고 그 범례가 아무리 탁월하다고 할지라도, 재기 넘치게 시 짓기를 배울 수는 없다."

리얼리티의 두 차원

예술은 자연의 대상을 단순히 모방하지 않는다. 간혹 사물을 얼마나 정교하게 그렸나로 그림을 보려는 경향이 있다. 예술을 현실을 따라하는 흉내쟁이로 보는 것인데 그러한 눈속임이 예술이지는 않다.

사실 모든 그림은 완벽하게 자연을 베낄 수도 없다. 정확한 재현이란 가능하지 않다. 대상은 거리, 빛, 방향 등에 따라 달리 보이며, 보는 사람의 관심에 의해 변하기 때문이다. 따라서 어떤 그림이나 글이 무엇을 재현했다고 하는 말은 모호하고 애매한 표현이다. 그렇다고 예술이 단순히 작가의 마음을 표현한 것도 아니다. 대상에 빗대어 자기를 표현한다면 현실성은 어디 있는가. 예술을 실제모방 또는 자기표현으로 본다면 현실의 실체는 무엇일까. 예술작품에 현실감이 없다면 감동도 없다.

사람은 누구나 두 개의 현실을 살아간다. 〈히브리서〉는 이를 "보이는 것은 보이지 않는 것에서 나왔다"라고 말한다. 하나는 직접적이고 물리적인 성격을 지녀 눈에 확연히 보이는 현실이고, 다른 하나는 그 현실을 살아야 하는 이유와 같이 살 힘을 주는, 드물게는 때로 파괴하는 현실성을 띠고 있다. 사랑은 눈에 보이지 않지만 실제 삶에 활력을 준다. 희망이나 추억이 첫 번째 리얼리티를 지탱하거나 이끈다.

두 현실의 관계는 설명하자면 복잡한데 각 개인마다 각 상황마다 다르게 나타나며, 또한 선명하게 둘로 가를 수 없이 밀접하게 연결 돼 있기도 하고 교차하여 공존하기도 하며, 혹은 아주 이질적인 성 격을 띠고 상반된 차원에 머물러 얼른 그 연관성을 알아차리기 어렵 기도 하기 때문이다. 이중의 현실이 여러 형태로 겹을 이룬다. 바로 두 번째 현실이 예술과 긴밀하다.

아돌프 히틀러Adolf Hitler(1889~1945)의 파시스트정당 나치스는 1933 년 정권을 잡자 곧바로 그해 5월 10일 베를린 광장에서 수만 권의 책 을 불살랐다. 도스토옙스키도 헤밍웨이Ernest Miller Hemingway(1899~1961)도 불태웠다. 이어서 혁신적인 예술 사고를 길러내고 있던 바우하우스 Bauhaus도 즉각 폐쇄했다. 또한 나치스는 순수 독일 혈통과 독일 정신 을 내세우며 그 정신에 어긋나는 예술작품을 퇴폐적이라고 규정하 고 1937년 7월 19일 퇴폐예술 전시회까지 열어 사람들에게 전위 예 술작품에 대한 증오심을 심어주려고 했다. 퇴폐예술이 세상을 속이 고 속물들을 부추긴다며 낙인을 찍어 퇴출시키려 했다.

권력을 잡은 세력이 예술작품을 검열하는 일은 바로 두 개의 리얼 리티가 존재하고 있기 때문이다. 첫 번째 현실은 장악할 수 있어도 두 번째 리얼리티를 통제하기 어렵기 때문에 나치스는 블랙리스트 를 만들어 예술을 제약하고 자신들에게 불편하고 불쾌한 작품을 세상을 어지럽힌다며 퇴폐로 규정했다. 첫 번째 현실만을 현실로 인정하는 태도에서 나온 일이었다.

나치스가 퇴폐예술이라고 낙인찍은 작품들 가운데 그들의 판단이 얼마나 조야한지 보여주는 그림이 있다. 독일의 화가로 제1차 세계대전에 조국을 위해 참전했다가 전사한 프란츠 마르크Franz Marc(1880~1916)의 〈파란 말〉(1911)도 퇴폐예술 전시회에 걸어놓은 것이다. 세상 어디에도 파란색 말이 없는데 〈파란 말〉이 눈에 보이는 현실을 문란하게 만든다는 이유에서다. 화가 마르크는 얄팍한 계산과 위선이 난무하는 인간 사회를 반추하며 동물 그림을 주로 그렸고 〈파란 말〉에서는 청색으로 강직함과 엄중함을 표현했는데, 나치스는 그저 눈에 보이는 자연색만 따졌던 것이다. 아니 어쩌면 자신들을 부끄럽게 만드는 엄중함에 놀랐을지도 모르겠다.

히틀러는 이러한 미개한 행동을 저지르면서도 한편으로는 미술작품들을 모았다. 추한 모습을 예술로 감추고 싶었을 것이다. 그도 첫 번째 리얼리티가 다가 아님을 은연중에 알고 있었는지 모른다. 1938년 나치스가 오스트리아를 침공해 합병한 직후 히틀러는 페르메이르의 그림 〈회화 예술〉에 특별한 애착을 보였다. 오스트리아는 예술적 가치가 무척 큰 이 그림의 국외 반출을 금지한다. 히틀러는 끝내 〈회화 예술〉을 강탈해 뮌헨의 지하 창고로 옮기고 1943년 4월 예술 구원자라 자칭하며 《국민의 예술》을 발간했는데 그동안 약탈한 8000여 점의 리스트가 담긴 이 그림도록의 표지로 〈회화 예술〉을 썼다.

제2차 세계대전이 끝난 후 연합국은 나치스가 약탈한 작품들을 찾아 주인에게 돌려준다. 소금 광산에서 No.1096이 붙은 〈회화 예술〉도 회수했다. 지금 이 그림은 오스트리아 빈의 미술사박물관 Kunsthistorisches museum에 걸려 있다.

히틀러도 탐냈던 페르메이르의 〈회화 예술〉은 예술의 영광과 명

프란츠 마르크, 〈파란 말〉, 1911

예, 영원함이 그려진 그림이다.

잊힌 화가가 신화적 존재로

페르메이르는 오랫동안 잊힌 화가였다. 그가 세상을 떠나고 200여 년 지난 19세기 중반, 카메라가 발명돼 사진이 막 유행하던 시절 그의 그림이 다시 주목을 받는다.

사진 기술은 세상을 보는 방식을 크게 혁신했다. 그것은 자연과학인 광학의 발달이 이룬 변혁이었다. 광학은 17세기에 뉴턴이 반사망원경을 만들고 프리즘을 통과한 스펙트럼을 관찰하여 빛의 성질을 연구하면서 본격적으로 발달하기 시작했다. 뉴턴은 백색광을 굴절시켜 여러 단색광을 얻는, 즉 빛은 물감과 달리 색광의 혼합으로 맑아지는 속성을 가지고 있다는 사실을 밝히고 빛이 입자인지 파동인지 논했다. 이후 광학은 기술과 접목되어 19세기 중반에 사진이 나왔다. 이때부터 페르메이르의 그림들도 부각됐다. 1859년 사진작가 막심 뒤 캉Maxime Du Camp(1822~1894)이, 1861년 소설가이자 미술평론가 에드몽 드 공쿠르Edmond de Goncourt(1822~1896)가 페르메이르라는 작가를 알렸고, 특히 1866년에는 프랑스의 미술평론가 테오필 토레부르거Théophile Thoré-Bürger(1807~1869)가 유명한 미술저널 《가제트 데 보자르》Gazett des Beaux-Arts에 잃어버린 거장 페르메이르의 귀환을 반기는 글을 쓰면서, 그는 최고의 북유럽 화가로 대접을 받는다.

그사이 페르메이르의 작품들은 그림 애호가들이 한 점 두 점 소장하며 여기저기로 흩어져 있었다. 그가 잊힌 긴 시간만큼 그의 작품들이 전부 얼마나 되는지 아직도 정확히 알 수 없다. 40점이 넘지 않는 그림들이 미국 워싱턴 D.C.의 국립미술관에서 아일랜드 더블린의 내셔널갤러리까지 16개의 미술관에 한 점 어떤 곳에는 두세 점 전시돼 있다.

페르메이르의 그림들은 무한한 상상력을 일으킨다. 거기에 더해 그가 오랫동안 알려지지 않은 화가인데다 자화상 한 점 남기지 않아 사람들의 호기심을 자극했다. 〈진주 귀고리를 한 소녀〉(1665)는 북구의 모나리자라고 불리며 소설과 영화의 원천이 되기도 했다. 트레이시 슈발리에Tracy Chevalier가 1999년 동명의 소설을 썼고, 2013년에 피터 웨버Peter Webber가 영화를 만들었다. 원래 그림의 소녀는 특정 인물이 아니라 화가가 창조한 인물상 즉 트로니tronie다. 루브르박물관Musée du Louvre에 걸려 있는 〈레이스를 뜨는 여인〉(1669~1670)은 1977년에 클로드 고레타Claude Goretta가 감독하고 이자벨 위페르Isabelle Huppert가 주연으로 나오는 영화로 만들어졌다. 이 영화는 페르메이르 그림에 나오는 여인의 평범하면서도 사연이 깊고 어딘지 애잔한 이미지를 20세기 중반 파리로 가져와 미용실 보조로 일하는 여자의 슬픈 사랑 이야기로 그리고 있다. 지식인의 허위의식에 대한 통찰이 돋보이는 이 영화의 마지막 장면, 여자가 홀로 레이스를 뜬다.

페르메이르의 신비한 화풍은 위작 화가를 낳기도 했다. 독일 나치 협력자로 체포된 한 판 메이헤런Han van Meegeren(1889~1947)은 1945년에 페르메이르의 그림들을 모방했다고 자수한다. 이 사태를 바탕으로 2016년에 네덜란드 영화 〈진짜 페르메이르〉가 나오기도 했다. 페르

요하네스 페르메이르, 〈레이스를 뜨는 여인〉, 1669~1670

메이르는 사람들의 마음을 끌어당기는 신비를 지녀서 그것을 알고
자 하는 상상과 욕망을 일으키는 화가다.

　인상주의 화가 카미유 피사로Camille Pissarro(1830~1903)도 1882년에 페
르메이르를 언급한다. 8회에 걸친 인상주의 전시회에 유일하게 전
부 참가한 피사로는 쇠라를 만나 색점으로 그림을 그리면서, 페르메
이르가 점묘법이 낳는 분위기를 처음으로 묘사한 선구자라고 평했

요하네스 페르메이르, 〈진주 귀고리를 한 소녀〉, 1665

다. 상상력을 펼치게 하는 고요를 빛으로 그려낸 페르메이르를 주목
한 것이다.

〈회화 예술〉은 페르메이르가 세상을 떠난 후 그의 집에 남아 있던
유일한 작품이었다. 지독한 가난에 시달렸지만 그는 이 그림만은 팔
지 않았다. 당대 관습에 따라 고인의 유품을 정리해 목록을 작성했는
데 이때 기록한 제목이 〈회화 예술〉이다. 그래서 이 그림은 〈회화의

알레고리〉The allegory of painting라는 다른 이름으로도 불린다. 세로 1.2미터, 가로 1미터인 〈회화 예술〉은 〈진주 귀고리를 한 소녀〉나 〈천문학자〉, 〈지리학자〉보다 4배가 되는 크기다. 페르메이르는 보통 작은 화폭에 그림을 그렸는데 이 작품은 크게 그렸다.

프루스트에게 영감을 준 〈회화 예술〉

화가가 그림을 그리고 있는 아틀리에가 보인다. 뒷모습을 보인 화가의 앞에 캔버스가 놓여 있고 그 앞에 소녀가 서 있으며 소녀의 뒤로는 지도가 걸려 있다. 그림 앞쪽에서 누군가 긴 커튼을 살짝 들춰 끝자락을 잡고 화가의 작업실을 들여다보는 인상을 준다. 무척 조용해서 화가가 그림 그리는 일을 방해하면 안 될 것 같은 분위기다. 아틀리에의 모습이 예사롭지 않다.

화가의 패션도 눈길을 끈다. 멋스러운 단화를 신고 빨간 속바지를 입었다. 그 위로 치마처럼 보이는 풍성한 하의를 입었고, 흰색 블라우스 위에 갈라진 줄이 여러 겹으로 엮인 웃옷을 걸쳤다. 머리에는 검은 베레모를 썼다. 아무래도 그림 그리기에는 불편한 복장이다.

모델로 서 있는 소녀의 모습도 특이하다. 머리에는 월계관을 썼으며 한 손에는 트럼펫을 또 한 손으로는 상체만큼 큰 책을 들었다. 내리깐 소녀의 시선이 닿는 테이블 위에는 마스크 조각과 펼쳐진 악보가 있다. 보이지 않는 왼쪽 창에서 빛이 들어와 금속 재질의 황금색 샹들리에가 찬란하다.

그리스 최고의 신 제우스와 기억의 여신 므네모시네 사이에서 아

요하네스 페르메이르, 〈회화 예술〉, 1666~1668

홉 명의 뮤즈가 태어났다. 뮤즈들은 빛과 예술의 신 아폴론을 거들며 학문과 예술을 관장하는 신들로 시와 음악뿐 아니라 천문학, 역사 등 학예 전부를 다뤘다. 그들 가운데 클리오Clio는 월계관과 긴 나팔과 글을 적은 양피지 두루마리를 들고 있는 뮤즈다. 그림의 소녀는 클리오다.

그렇게 보니 그림이 단순히 화가의 화실을 그린 게 아니라 특별한 의미를 표현했다는 점을 알 수 있다. 우선 세련된 옷차림의 화가는 예술가의 귀함을 나타낸다. 화가는 지금 캔버스에 월계관을 그리고 있다. 클리오가 쓰고 있는 월계관은 영광을, 손에 들고 있는 맑고 투명한 소리를 내는 트럼펫은 명성을, 두꺼운 책은 기록 혹은 저장, 곧 영원함을 의미한다. 소녀의 시선이 닿는 곳에 조각과 음악 즉 예술이 있다. 벽면의 지도는 그 영광과 명성과 영원함이 널리 퍼진다는 뜻을 담는다.

●

잊혔던 페르메이르가 다시 알려진 데에는 마르셀 프루스트Marcel Proust(1871~1922)도 크게 기여했다. 그의 소설 《잃어버린 시간을 찾아서》에서 작중 작가 베르고트는 세상을 떠나기 직전 마지막 남은 힘을 다해 전람회를 찾아가 페르메이르의 그림을 보고 "나도 저렇게 글을 썼어야 했는데" 하고 토로한다. 이후 작품 속 화자는 피카소처럼 참된 예술이란 무엇인지를 생각하다가 페르메이르를 다시 떠올린다.

예술 덕분에 우리는 하나의 세계만을 보는 게 아니라 확장된 세계를 만나고, 또 독창적인 예술가들이 많을수록 그만큼 더 많은 다른 세계를 갖게 된다. 다른 세계는 페르메이르와 같은 빛의 원천이 세상을 떠난 후라도 우리에게 특수한 광채를 보낸다.

그림을 보다가 음악을 듣다가 우리는 마음이 움직여 지금 여기의 한계를 넘어 새로운 시간과 공간을 창출한다. 답답한 순간 기지개를 켜면 새로운 기분으로 깨어나듯이.

지금은 새로운 세계를 열어내야 하는 혁명의 시대다.

예술 수업 2
언어적 상상력을 넓히기

글 쓰는 작가가 되고 싶다는 학생이 어느 날 질문을 했다. "저는 시도 소설도 에세이도 쓰는 작가가 되고 싶습니다. 그런데 언젠가부터 언어에 회의가 들어 혼란스럽습니다. 공부를 하면 좀 나아질까요?"

나는 내 경험을 떠올리며 다음과 같이 대답했다. "언어를 진짜에 붙은 라벨 정도로 생각하면 자꾸 뭔가 빈 듯하고 왠지 속은 듯하지만, 언어가 창조하는 성질을 가지고 있다는 점을 만나면 언어의 상상력이 가진 매력을 만날 수 있겠지. 모든 글은 언어 이해의 교과서라네. 언어 철학과 언어 미학을 다룬 언어학 책들(너무 많군)을 찾아 읽다 보면 차츰 자기 관점과 학술적인 이해가 생기겠지만, 내가 권하는 방법은 뛰어난 외국 문학작품을 번역해 보는 것이네. 고전이라면 더 좋겠지. 수련 과정이라면, 먼저 스스로 그 문학작품을 우리말로 옮기고 기존에 나온 여러 번역본들과 비교하면서(번역본들 사이의 차이도 비교해가면서) 단어 하나, 조사 하나, 언어 표현의 모든 점들을 냉정하게 바라보면 우리말을 오히려 더 잘 알 수 있고, 또 뛰어난 작가가 상상

력을 구체화하는 과정을 체험할 수 있을 거네. 언어의 상상력이 구
현되는 지점도 보이기 시작할 테고."

그리고 몇 가지를 덧붙였다.

1. 글을 익힐 때 가장 먼저 우리는 인사말부터 배운다.

철수야 안녕, 영희야 안녕. Hi, Hello, How are you. 사람은 언어를
쓰는 존재다. 꼭 말을 한다는 뜻이 아니라 침묵 속 생각도 언어로 한
다. 인간은 언어 안에서 산다. 언어의 본래 속성은 아이가 무슨 말을
처음 배우는지를 보면 알 수 있다. 모든 말은 낯선 타인을 인정하는
것으로 탄생했다. 즉 언어는 다른 것을 그르다고 비난하는 욕설로 시
작되지 않았다. 아무리 악당이라도 자기 자식에게 세상이 험하니 욕
설부터 배워라 하지 않는다. 언어는 낯선 것에 감탄하면서 탄생했다.

2. 봄과 가을 어떻게 다를까.

기온도 비슷한데, 봄옷은 가을에 입으면 어색하다. 봄과 가을이 어
떻게 다른지 오랫동안 궁금했다. 봄에는 꽃이 피고 가을에는 낙엽이
지기 때문에 같지 않다는 설명은 별로 설득력이 없었다. 러시아 사
람들은 그 추운 2월에 봄맞이 축제 마슬레니차Maslenitsa를 즐긴다. 그
저 추운 나라라서 조급하게 봄이 오기를 소망하는 축제려니 했다.
그러다가 봄이라는 단어가 햇빛에서 나왔다는 것을 아는 순간, 봄과

가을의 차이를 깨달았다. 봄의 옛 표현은 '봄'이고 '봄'은 '벋'의 변형이며 '벋'은 지금의 '볕'을 말한다. 봄과 가을에는 햇살이 다르다. 봄의 햇볕은 기운이 있지만 가을의 햇살은 차분하다. 러시아의 2월도 영하의 추위지만 햇빛이 확연히 달랐다. 영어의 spring도 한자의 春도 용수철을 뜻했고 땅거죽을 뚫고 솟아나는 새싹을 그렸다. 언어학자들이 기표와 기의의 관계는 자의적이라고 했지만, 그 이론을 넘어설 때도 됐다. 언어는 대상의 느낌과 분위기를 담고 예술적으로 만들어졌다. 언어는 세상을 해석하여 나왔다.

3. 아 다르고 어 다르다는 말은 맞는 말이다.

어법은 단어와 단어가 결합하는 규칙이다. 전 세계 언어는 크게 세 가지 결합 법칙으로 구분할 수 있다. 먼저 순서. Tom loves Anna. Anna loves Tom. 순서에 의해 뜻이 달라졌다. 영어나 중국어가 그렇다. 다음은 형태로 단어가 문장 내에서 주어인지 목적어인지 스스로 격을 드러내 순서에 구애받지 않는다. 러시아어나 독일어가 그와 같다. 다음으로는 단어에 관계를 나타내는 보조사가 따라 붙는다. 우리말이 그러하다. 철수는 영희를 사랑한다. 철수를 영희가 사랑한다. 그런데 우리말에서는 조사가 미묘한 뉘앙스를 만든다. 철수가 영희를 사랑한다. 철수는 영희를 사랑한다. 강이 흐른다. 강은 흐른다.

문학에 관해서는 한 학기 수업을 진행해도 다 다룰 수 없기에 이 정도만 전했다. 문학작품은 멋진 단어와 문장을 연결하여 꾸민다고 만들어지지 않는다. 세상을 정직하게 만나야 한다. 이때 고정관념을 들이댄다면 결코 세상을 만날 수 없다. 화려한 문장으로 꾸민 글은 문학작품이 아니라 지극히 사적인 감상이고 때로는 위조품을 낳는다. 문학작품은 잔꾀나 재주, 요령으로 쓸 수 없다.

　잔꾀로 꾸민 과장이 언어를 오염시킨다. 특히 정치인들이 크고 좋은 말을 헤프게 쓸 때, 정의, 자유, 진리 등의 가치는 훼손된다. 나치스는 그들의 강령을 내놓을 때 스스로 괴물이라고 말하지 않고 좋은 단어는 다 가져다 썼다. 그것은 언어 오염을 넘어 언어 약탈이다. 언어 오염은 필연적으로 생각 오염을 낳는다.

　창조한다는 것은 질서를 세우는 일을 가리켰다. 어지럽게 흩어져 혼란스럽고 모호하고 막연한 것들에 의미를 주어 창조한다. 마구 뒤섞여 혼돈하면 공허할 따름이다. 이름을 붙인다는 것 즉 언어로 불린다는 뜻은 우리 세계에 존재하게 됐다는 의미다.

　시인 김춘수가 "내가 그의 이름을 불러주었을 때/ 그는 나에게로 와서/ 꽃이 되었다"라고 노래했듯이.

　그런데 다음의 말은 미처 해주지 못했다. 지금 덧붙인다.

　할 말은 해야 한다고 하는 사람도 있지만, 아니다. 우리는 하고 싶은 말을 다 할 수 없다. 할 말을 다 해야겠다고 말을 퍼부으면 도리어 안 한만 못 하게 된다.

　유난히 시끄러운 세상, 다 말하지 않아도 된다. 그래도 뜻이 말과 말 사이에서, 말하지 않았음에서 전달된다. 그런데 어떻게 내 말만 하겠는가.

3장

세상에 없던 것을 만드는 일

소리를 화폭에 담아낸 클레

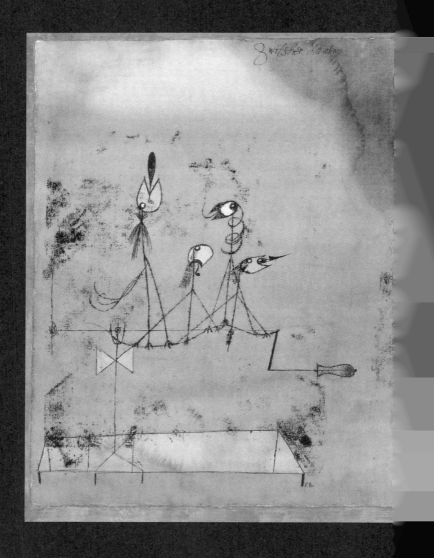

파울 클레, 〈지저귀는 기계〉, 1922

그림은 보는 것일 텐데 우리는 파울 클레Paul Klee(1879~1940)의 〈지저귀는 기계〉(1922)에서 소리를 듣는다.

새의 머리가 하늘을 올려다보기도 하고 옆면을 또는 바닥을 향하기도 하면서 사방으로 움직인다. 날개는 보이지 않고 가느다란 선으로 표현된 몸통과 다리는 나뭇가지인지 전선인지 모를 것 위에 올라 있다. 새들이 올라선 선은 오른쪽 아래로 꺾였는데 그곳에는 기계를 돌리는 손잡이가 달려 있다. 머리에서 몸통과 다리와 전선 혹은 나뭇가지가 손잡이까지 선으로 이어졌다. 선과 선으로 연결된 새의 머리는 모양을 제대로 갖춰 눈이 보이고 부리는 크게 확장됐다. 열린 부리와 그 사이로 길게 뻗은 혀. 선들과 움직임을 통해서 소리가 표현된다. 직선과 곡선, 그리고 새의 깃인 듯 머리 뒤로 뻗친 여러 개의 짧은 직선들과 차츰 두세 개로 갈라지며 소용돌이치는 나선. 이 모습이 상상력을 자극해서 새소리를 낸다. 클레는 새에서 소리만 뽑아 냈다.

기계machine는 기계지만, 그 뜻은 기계적이라는 딱딱하고 수동적인 의미가 아니라 사물의 작동 원리를 뜻하는 메커니즘으로, 새의 소리만 뽑아 그린 점을 강조하여 화가는 '지저귀는 기계'라고 제목을 붙였다.

클레는 보이지 않는 것을 볼 수 있게 만드는 일이 예술이라고 했다. 우리는 그 의미를 눈으로는 볼 수 없는 새소리가 그려진 이 그림을 통해 직관적으로 알 수 있다.

청각의 시각화, 여기에는 상상력이 작동한다. 사람은 누구나 상상력을 지니고 있다. 눈에 보이는 것만 실체를 지닌 현실이라고 생각하며 산다고 해도 상상력이 구축하는 세계 또한 우리가 살아가는 현실이라는 점을 알고 있다. 보이는 세상을 떠받치고 있는 보이지 않는 세계도 우리가 사는 세상이다.

자연도 사람의 상상력을 통해서 인류의 삶으로 들어왔다.

상상력의 산물, 테크놀로지

초기 인류는 자연에 아무렇게 놓여 있는 돌을 부수고 깎아 석기를 만들었다. 날카롭게 깨서 찍개를 만들고 한쪽 면만 뾰족하게 다듬어 주먹도끼도 만들었다. 나무를 깎아서 꼬챙이로 사용했고 두꺼운 가지에 구멍을 뚫어 돌도끼를 끼워 넣어 자루로 썼다. 통나무를 가지런히 엮은 뗏목을 타고 물 위를 다녔다. 동물의 가죽을 다듬어 옷을 해 입었고, 흙을 빚어 도기를 제작해 식량을 저장했다. 산과 들에 있는 자연의 사물을 가져다가 형태를 주어 생활에 유용한 물건으로 변형시켰다. 이때 자연의 사물은 도구의 재료가 됐다. 테크놀로지는 이렇게 인류가 쓰는 물건을 만들기 위해 창의성을 발휘하는 기술을 말한다. 생활에 사용하는 각종 도구의 발명은 상상력이 필요한 일이었다.

이동하며 채집하고 사냥하던 인류는 여러 도구들이 늘어나면서 한곳에 정착해 땅을 갈고 동물을 키웠다. 열매의 씨앗을 다시 땅에 뿌려 재배했으며, 떼를 지어 다니는 야생 동물을 잡아 우리에 가두어 길렀다. 그 동물들이 우리 안에서 번식하니 사냥의 고난은 줄었고 또한 동물의 젖을 짜서 발효시켜 요구르트나 치즈로 만들어 부산물의 음식을 저장할 수 있었다. 여러 도구가 새로운 생활 방식으로 살 수 있게 해줬고, 정착하여 목축과 농경을 하면서 다시 더 많은 기구들을 만들었다. 테크놀로지가 삶의 방식을 바꿨고, 바뀐 삶의 방식이 많은 테크놀로지를 낳았다.

정착하자 도구는 커졌다. 도기의 발달로 생산물은 늘었고 인구 수도 크게 불었다. 여럿이 함께 사는 공동체를 위한 규율과 규범과 같은 추상적인 테크놀로지도 발달해야 했다. 공민civis이 생겨났고 문명civilization이 탄생한 것이다.

문명의 역사는 공존하기 위해 협업하다가 때로 자기 이득을 위해 경쟁하는 두 개의 상반된 시스템을 따라 현재에 이르고 있다. 함께 살아가기 위해 많은 사람들이 공감할 수 있는 정의justice도 모색했다.

차츰 토목공사 기술이 발달해 큰 도시를 건설했다. 이집트의 피라미드, 로마의 콜로세움 등 거대 건축물은 도르래, 지렛대, 바퀴, 측량 기술 등 테크놀로지의 축적이 이룬 성과였다. 나침반은 콜럼버스와 마젤란이 활약한 대항해시대를 열었으며, 인쇄술은 지식을 쉽게 습

득하고 빨리 퍼뜨리게 해줬다.

　이렇게 인류 문명사를 통해서 테크놀로지는 삶의 질과 가치를 높였다. 각종 기계와 기술은 인권을 보장해주며, 그래서 도구 사용은 인간답다는 척도가 됐다. 먹고사는 긴급한 일에 쏟던 에너지의 여유가 생겨난 덕분이다.

　손노동이 유일한 에너지원이던 시절에 사람들은 충분히 여유롭지 못했고 그로 인해서 인권마저 낮았다. 그러다가 돌도끼를 쓰고 이후 망치, 곡괭이, 낫, 삽 등을 사용하면서 손으로 하는 일의 능률이 올라 삶의 질이 다소 나아졌다. 멍에와 쟁기 등을 발명한 뒤로는 인류가 소나 말을 에너지원으로 쓸 수 있었다. 테크놀로지 덕분에 에너지원이 인간에서 동물로 이동한 것이다. 말의 에너지를 얼마나 중시했는지 시간당 일의 양을 나타내는 단위로 말 한 마리가 1초 동안 75킬로그램의 중량을 1미터 들어 올리는 힘의 크기를 가리키는 마력hp(horse power)을 지금도 쓰고 있다. 이 자동차는 몇 마력의 엔진을 장착했다는 식으로 말이다. 또한 물레방아와 풍차를 만들어 수력이나 풍력과 같은 자연의 힘을 인류가 살아가는 에너지원으로 삼았다.

　증기기관의 발명은 에너지원이 동물의 힘과 자연력에서 기계 자체로 이동하는 획기적인 전환을 낳았다. 일정한 시간에 할 수 있는 일의 비율인 능률을 훨씬 높였고, 들인 노력과 얻은 결과의 비율인 효율도 크게 향상시켰다. 말은 언제나 고른 노동을 하지 않는다. 늙으면 일의 능률도 떨어지고 기분에 따라 다른 행동을 보여 효율도 낮다. 바람도 늘 불지는 않고 가뭄이 들면 물레방아는 돌아가지 않는다. 하지만 기계는 안정적이고 큰 에너지를 제공한다.

내연기관으로 움직이는 자동차가 등장한 지 100여 년이 지났다. 비행기, 고속철도로 이어지는 운송 수단의 발달은 그저 걷거나 말을 타고 이동했던 인류에게 훨씬 더 넓은 세상을 안겼다. 테크놀로지가 인간의 영역을 확장했다.

연금술로서의 예술

거친 광석에서 금을 뽑아내는 기술을 연금술이라고 부른다. 쓸모없어 보이는 돌덩이에서 보석을 추출하는 테크놀로지, 그것은 곧 사람이 이룬 창조를 의미했다. 뛰어난 작가도 언어 연금술사라고 부르고, 화가는 색의 연금술사, 음악가는 소리의 연금술사라고 말한다.

예술도 뭔가를 가공하여 만든다는 점에서 테크놀로지의 일환이었다. 그래서 아트art를 지금도 기술이라는 뜻으로도 사용한다. 이를테면 독일의 사회학자 에리히 프롬Erich S. Fromm(1900~1980)은 인격 파탄이 낳은 파시즘을 겪은 뒤《The art of loving》을 썼는데, 이 책의 이름을 우리는 '사랑의 예술'이 아니라 '사랑의 기술'이라고 읽는다.

예술이라는 단어 자체가 고대 희랍어 테크네τέχνη에서 나왔다. 테크네가 라틴어 아르스ars로 번역되어 지금의 아트art가 된 것이다. 사실 예술가라는 말이 현재 우리가 사용하는 의미로 쓰인 지는 300년이 채 되지 않는다. 그 이전에는 특정한 기량을 지닌 테크니션 즉 화가, 조각가, 건축가, 작곡가, 연주자라고 구별해 불렀다.

여기서 예술과 기술이 단순히 기교나 솜씨를 뜻하지는 않는다.

가수가 옛 노래를 리메이크해서 부를 때 가끔 듣기 불편한 경우가 있다. 편곡 재주에는 놀라면서도 덧붙인 장식이 감동보다 얕은 느낌을 줄 때 그렇다. 원곡을 지나치게 꾸며서 노래를 부르거나 연주를 하면 도리어 감정의 흐름을 흩어버린다. 꾸밈음이 거슬리는 탓인데, 지나치게 감상적인 표현이 도리어 감수성을 해치는 것이다.

예술은 치장하고 꾸미는 장식과 다르다. 드물게 장식을 예술이라고 부르기도 하는데, 데코레이션은 덧붙이로 시각적인 자극은 줄지 몰라도 진정한 의미의 예술 활동을 하지 못한다.

왜 그럴까. 예술은 테크놀로지로서 사람의 부족한 점을 보완하지만, 장식은 모자란 부분을 숨긴다. 금은보석으로 꾸며 만든 시계는 시간을 알려주기보다는 장신구와 같은 역할을 한다. 화려할지는 몰라도 꾸밈은 말 그대로 미화할 뿐이다. 때로 장식은 인간을 홀려 영혼의 자유를 빼앗기까지 한다. 그러나 감춘 것은 결국은 드러나기 마련이라서 어색할 따름이다.

자연의 모든 생명체는 꾸밈과는 거리가 멀다. 아름다움을 상징하는 꽃을 보더라도 그 아름다움은 꽃의 입장에서는 존재하기 위해 꼭 필요한 모양이다. 어떠한 꽃에도 장식은 없다. 동물도 마찬가지인데, 반드시 필요한 기관이 아닌 부분은 생존을 방해하기 때문에 퇴화해 버린다. 고래는 폐호흡을 하는 포유류지만 바다에서 살기 위해 앞다리는 지느러미로 변했고 뒷다리는 없어졌다. 하늘다람쥐는 지상의 위협을 피하기 위해서 피부를 늘려 만든 비막을 날개처럼 사용한다.

안토니 가우디, 〈카사 밀라〉, 1912
"직선은 인간의 것이고, 곡선은 신의 것이다."

스페인의 안토니 가우디Antoni Gaudi(1852~1926)는 예술과 장식의 관계
를 크게 고민한 건축가였다. 건축물이 조형예술이어야 한다고 여긴
가우디는 바르셀로나 건축학교를 졸업하던 해 여름, 장식에 관한 사
유를 적은 메모를 작성했다.

형태가 완벽할 때, 형태는 모습 그대로 이해되기 때문에 장식이 필요
없다. 장식은 독창적이지 않은 양식들, 곧 다른 데서 파생한 형식에서나
중요하다.

그도 과도한 장식이 본래의 모습을 잃게 만든다는 점을 강조했다. 이런 예술 정신으로 훗날 가우디는 자연을 닮은 건축물들을 설계하고 지었다.

예술이라는 단어의 근원을 찾아가면 테크놀로지가 나온다는 점을 살펴봤는데, 기계도 역시 장식을 거부한다. 일찍이 아리스토텔레스는 좋은 것이 무엇인지 논한 《니코마코스 윤리학》에서 최고선을 테크놀로지의 사례를 들어 설명한 바 있다.

> 모든 기술techne과 탐구, 모든 행동과 선택은 선the good을 목표로 한다. 그러므로 선을 모든 것이 추구한다는 주장은 옳다고 하겠다. 행동, 기술, 학문에는 여러 가지가 있기 때문에 그 목적 또한 많다. 의술의 목적은 건강이고, 조선의 목적은 배이며, 병법의 목적은 승리이고, 경제의 목적은 부라 할 수 있다. 이것들 중에는 더 큰 목적에 귀속되는 것들이 있는데, 이를테면 마구 제작 기술은 승마 기술에 종속되고 승마 기술을 비롯한 군사 행동들은 병법에 종속된다. 이렇게 제일의 목적은 그것에 종속되는 다른 목적들보다 더 좋은 것이다. 전자를 위해서 후자가 추구되기 때문이다. 따라서 모든 일의 목적에서, 우리가 그것 자체 때문에 바라고 또한 그것을 다른 것 때문에 선택하지 않는다면, 그것이 최고선the highest good인 것은 분명하다.

시계는 보석이 달려서 좋은 것이 아니라 시간을 정확하게 가리켜서 좋은 것이 된다. 가위는 잘 자를 수 있도록 그런 모습으로 만들어졌다. 테크놀로지에서 장식은 큰 결함이다. 치장이 기계의 작동을 방해하기 때문이다. 예술도 기술도 꾸밈을 거부한다.

예술은 자연으로부터 인공의 패턴을 만들어낸다. 거친 광석에서 보석을 뽑아내는 연금술과 같다. 그 예술의 패턴은 생명의 떨림으로 시작됐다.

생명의 떨림으로부터

현대 예술을 연 작가로 평가받는 안톤 체호프 Anton Pavlovich Chekhov(1860~1904)가 1904년 7월 2일 세상을 떠나자, 그해 7월 11일에 간행된 저널 《극장과 예술》 28호에 법률가이자 극작가인 일리야 구르럇드Il'ya Yakovlevich Gurlyand(1868~1921)가 체호프를 추모하는 글을 썼다. 이 글에서 구르럇드는 체호프에게 배운 예술의 원리를 언급한다. "만약 1막의 벽에 총이 걸려 있다면 다음 막에서는 이 총이 반드시 발사돼야 한다. 그렇지 않다면 무대에서 총을 치워야 한다." 극장의 무대에 장식용 총이 걸려 있지 않아야 한다는 말이다.

체호프는 예술작품에 어떠한 군더더기도 없어야 한다는 점을 특히 강조하여 현대 예술을 열었다. 그는 더 나아가 자신의 작품에서 이념이나 사상과 같은 장식물을 찾으려는 사람들에게 "나는 자유주의자도 보수주의자도 점진주의자도 성직자도 무신론자도 아니다. 나는 그저 단지 자유로운 예술가이고자 한다. 나는 거짓과 모든 형태의 폭력을 싫어한다. 내게 가장 신성한 것은 진실이다"라고 대답했다. 그런 체호프에게 생명 즉 살아 있음은 예술의 본질이었다.

체호프의 희곡 《갈매기》(1896)에는 물질만 있는 지구의 모습이 나온다. 등장인물 니나가 모노드라마로 진행하는 극중극에서 다음을 낭독한다.

> 수천 세기 동안 지구에는 살아 있는 생명체가 하나도 없다. 창백한 달만 헛되이 그 빛을 밝히고 있어 춥고 춥고 추우며, 공허하고 공허하고 공허하고, 무섭고 무섭고 무섭다. 영원한 물질이 매순간 원자의 교체를 일으켜 끊임없이 떠돌 뿐이다……

138억 년 전 알 수 없는 힘에 의해 큰 폭발인 빅뱅이 일어나 우주가 생겨났다. 처음 우주에는 아무런 물질도 없이 엄청난 온도의 열기뿐이었다. 폭발한 우주가 팽창하면서 온도가 차츰 낮아져 양성자와 중성자, 그것들이 결합한 핵, 음전하를 띤 전자와 같은 아주 작은 입자들이 만들어져 암흑의 우주에 가스처럼 자욱하게 퍼졌다. 아직 빛도 없었고, 어떠한 형태도 없었다. 38만 년 뒤 핵이 전자와 결합하여 원자라는, 공간의 일부를 차지하며 질량을 가진 물질이 만들어졌다. 물질이 생기면서 빛이 물질에서 분리돼 밖으로 나왔다. 그때 우주를 이루는 물질은 대부분 수소와 헬륨이었고, 우주는 아직 형태가 없는 공허한 곳이었다.

또다시 4억 년이 지나고 수소와 헬륨의 가스입자들이 밀집하여 밀도가 일정 수준을 넘어서자 중력이 작용해 서로 회전하면서 뭉치기 시작했다. 별들이 생겨난 것이다. 핵융합 반응이 일어나 리튬, 탄소, 황 같은 더 무거운 원소들도 나왔다.

45억 년 전 지구도 만들어졌다. 지구에도 물질뿐이었다. 핵융합으로 폭발하고 다시 응축하는 황량한 물리적인 움직임만 있었다. 물질은 대부분 탄산가스고 약간의 황, 염소, 수소, 질소였다. 체호프는 희곡《갈매기》에서 그런 지구의 모습을 그렸다. 생명체가 없어 거칠고 쓸쓸하며 무료할 뿐이었다.

그러던 곳에 생명의 떨림이 생겨났다. 물리적 작용이나 화학적 반응과는 다른 성질을 지닌 생명체가 탄생한 것이다. 생명체가 물질과 다른 차이는 바로 감각을 가졌다는 점이다.

생명체는 외부의 자극을 감각으로 받아들인다. 그 감각은 원초적인 느낌과 맞닿아 좋다, 나쁘다를 판단한다.

모든 생명체는 그래서 좋다는 감각에 맞춰 살아간다. 생명을 보존하고 또 번식하기 위해 좋은 조건을 갖춘 곳으로 향한다. 나무가 광합성을 하려고 햇빛을 향해 몸을 틀듯이. 여기서 그치는 것이 아니라 적극적으로 환경에 적응하기도 했다. 나쁜 상태를 무조건 피하지만은 않았다. 피할 수 없을 경우 생명체는 나쁜 형편을 양호한 조건 혹은 좋은 조건으로 만들기 위해서 스스로 변한다. 고래가 그랬고 하늘다람쥐가 그랬듯이.

체호프가 또 다른 희곡《바냐 아저씨》에서 극중 인물 소냐의 입을 통해 자연환경이 혹독한 곳에서는 생명체 역시 거칠 수밖에 없다는 점을 언급한다. "날씨가 온화한 지역에 사는 사람들은 아름답고 유연하며 민감하고 하는 말도 세련되고 행동도 우아하답니다. 그런 곳에서는 학문과 예술이 융성하고 철학도 우울하지 않고 여성을 대하는 태도도 정중하고 기품이 있지요." 황폐한 삶이 드러나는 이 희곡의 마지막 장면에서 주인공 바냐 아저씨가 지도를 바라보며 뜬금없이 아프리카를 언급한다. "아마, 아프리카는 지금 무더울 거야, 무서운 일이지!" 여기서 아프리카는 생명체에게 가혹한 환경을 뜻하는 비유다.

감각은 생명체가 존재할 수 있는 중요한 요인이다. 동물의 감각은 본능을 따른다. 아직 슬프다거나 기쁘다거나 아름답다거나 하는 복합적이고 미묘한 지각이 발생하지는 못했다. 그것은 인류의 탄생과 함께 나왔다.

아름다운 인간

'아름다운 인간'이라는 표현과 '훌륭한 인간'이라는 표현이 있다. 거의 같은 의미를 지니고 있는 말이지만 그 표현을 쓸 때의 지각 능력은 다르다. '아름다운 인간'은 시각이 인식과 연결되어 나온 말이다. 감각의 언어는 단순히 감각에 그치지 않는다. 쓰다거나 달콤하다는 미각과 관련된 단어다. 쓰라리다는 촉각의 언어고, 조용하다는 청각, 향긋하다는 후각의 표현이다. 그런데 이런 말들은 감각적인 뜻만을 전달하지 않는다. 달콤한 말, 쓰디쓴 추억, 쓰라린 고통, 조용한 눈길, 향긋한 느낌 그리고 아름다운 인간 등과 같이 오감이 지각 또는 인식으로 확장된다.

감각의 말이 표피적인 자극에서 내적인 느낌과 영혼의 상태 그리고 지적인 부분까지 포괄하고 있는 것이다. 이러한 표현은 훨씬 더 구체적이면서 복합적이라서 폭넓은 사유를 할 수 있게 해준다. 또한 개방적인 감각을 지녔기에 더 큰 미래를 열 수 있는 상상력을 제공한다. 감각으로 인식하는 단어에는 인생을 심미적으로 대하는 태도도 담겨 있다. 추상적인 말은 때로 모호해서 지각의 한계를 드러내고 심지어 인식이 불완전하다는 점을 말해준다. 미래에 생존 가능하고 나아가 생활력이 강한 사람은 어떤 사람일까. 논리적인 지성으로는 받아들이지 못할 세상에 공감할 수 있는 사람이다.

이성으로 분별하고 재단할 수 없는 세상을 이해하고, 전체를 한 번에 꿰뚫어 연결하고 새로운 의미를 폭발시키는 능력. 이 능력이 예술적 상상력이다. 세상에는 어떤 범주로도 담을 수 없는 심연이 있다. 어떠한 논리로도 묶어 설명할 수 없는 인간의 깊이가 존재한다.

"온 세상이 무대이고, 모든 남자와 여자는 배우일 뿐. 누구에게나 등장하고 퇴장할 때가 있지." 세상이 극장과 같다며 인생을 통찰하는 이 유명한 대사가 나오는 셰익스피어의 5막 희극 《좋으실 대로》(1599)에서 등장인물들은 갈등과 다툼을 일으키며 불편한 삶을 살았다. 남의 영토를 무력으로 점유하고 형제의 유산을 강탈하며 뻔뻔하게 상대방을 모욕했다. 영지를 빼앗긴 공작도 유산을 탈취당한 동생도 탐욕과 배신이 가득한 도시를 떠나 아든Arden 숲으로 들어간다. 이들을 끝까지 제거하려고 숲속까지 쫓아온 인물들은 탐욕에 물든 부끄러운 자기 모습을 보고 삶의 자세를 돌이킨다. 그러다가 남녀 간에 사랑이 싹트더니 마지막에는 네 쌍이 결혼하고 음악에 맞춰 함께 춤을 춘다. 잉글랜드 중부의 산림지대 아든 숲은 셰익스피어가 태어난 곳 근처에 있다. 이 작품에는 자연에서 인생을 각성하는 대사가 나온다.

> 내가 누구인지 감각적으로 풀어주는 조언들……. 나무에서 이야기를 듣고, 흐르는 시냇물을 책으로 삼고, 돌덩이에서 가르침을 받으며, 그렇게 만물에서 선the good을 찾아낸다네.

셰익스피어 상상력의 샘물이 자연임을 알 수 있는 외침이다. 자연을 홀로 그대로 놔두거나 알지 못해 두려운 대상으로 바라보는 것이 아니라 삶에 긴요한 역동적인 가치로 전환하고 있다. 어떻게 받아들이는가에 따라 자연은 좋은 삶을 살게 해주는 지침이 되기도 한다.

사람이 특별한 생명체인 것은 바로 감각으로 자연을 인지하여 이치나 도리를 분별해 깨닫는다는 점에 있다. 동물은 세상을 있는 그대로 감각해서 본능에 따라 움직인다. 인간은 생존과는 무관하게 자연을 느끼며 삶의 가치를 연상한다. 석양의 붉은 노을은 태양광의 산란 현상이 만든 그냥 물리적인 현상이지만 사람들은 빨갛게 물든 하늘을 바라보며 아름답다고 감탄한다. 별이 총총한 밤하늘을 올려다보며 철학자 칸트는 인간의 변하지 않는 숭고한 가치를 떠올렸다.

쓸모없는 일이라는 통념

무료하고 단조로운 물질의 움직임을 대하고

장관이라고 말하는 감각은 얼핏 보기에 실용적이지 못해 보인다.

그래서 예술을 실제 쓸모와는 무관한 일로 보아 한갓 유희로 받아들이는 통념이 생겨났다. 그러나 인류는 왜 무용한 일을 한 번도 거르지 않고 부단히 해왔을까. 생명체의 어떠한 기관도 쓸데가 없으면 퇴화하여 진화한다는 생물학의 원리는 세상사 모든 일에 적용되는 변하지 않는 불멸의 진리다. 실용 원리인 생물학의 진리로 보면 인류사에서 단 한 번도 소멸한 적 없는 예술은 그만큼 생명력이 강하고 쓸모 또한 많다는 점을 알 수 있다. 예술은 창조를 만드는 상상력의 원천이기 때문이다. 거기에 또한 인간의 영혼이 담기기 때문이다.

도구는 인류가 그냥 뚝딱 만든 것이 아니다. 그것은 자연을 파악하고 인간 삶을 이해하고 세상에 필요한 것을 상상하여 자연의 사물을 가공해서 나온 것이다. 가장 초보적인 도구인 찍개도 돌의 성질을 알고 또 손동작을 파악해 만들었다. 뗏목도 나무의 속성을 탐구하고 물의 흐름을 살펴보고 사람의 필요를 따져 제작돼 강 위에서 물건을 운반했다. 규범이나 윤리와 같은 추상적인 테크놀로지도 여럿이 더 좋게 함께 살기 위해서 인간 심성을 먼저 이해하여 나온 소산이다.

도구나 규율은 그것들이 나오기 이전에는 아예 없던 것이라 스스로 질문하고 답을 찾아야 하는 일이다. 사람은 자연이 무엇인지 인간이 무엇인지 사유하고 상상한다. 그리고 상상한 것을 구현한다. 사유하고 상상하는 행위 자체로 그림을 그리고 노래도 불렀다.

근대에 들어와서 예술을 기술과 구분하여 파인아트fine art라고 부른다. 파인아트는 순수예술이라는 뜻인데 직역하면 아름다운 기술 또는 좋은 기술이라 할 수 있다. 칸트도 기술을 기계적인 기술과 미적인 기술로 구분했다. 예술을 다른 용도로 쓰는 도구가 아닌 자율성을 지닌 그 자체로 보는 것이다. 이때 주의해야 할 점은 예술이 기술과 별개의 일이 아니었다는 사실이다.

자연을 인간의 영역으로 들여오는 일 자체가 예술과 기술의 공통 근원이어서 같은 단어 테크네에서 출발했다. 이때 상상하고 사유하는 행위를 예술이라고 할 수 있다. 그것으로부터 도구도 규율도 또한 예술작품도 나온다. 그런데 즉각적으로 쓰이는 도구나 규율과 달리 예술작품은 사유하고 상상하는 일을 지속한다. 피카소를 알아도 슈베르트를 들었어도 또 만나는 이유가 여기에 있다.

요컨대 상상하고 사유하는 예술 행위가 크게 세 가지를 낳는데, 구체적인 기구와 추상적인 규율 그리고 예술작품이다. 예술작품은 완결돼 박제되거나 소비되지 않고 다시 부단하게 사유를 촉발하고 상상을 일으킨다. 예술작품은 예술의 산출물이면서 동시에 예술 행위이다.

끊임없이 사유하고 상상하는 인간은 본질적으로 예술적인 존재다. 고단한 삶을 사유하고 미래를 상상해서 필요하면 도구와 규율을 생산해내지만 예술작품도 만들어 사유와 상상을 이어나간다. 유한한 인간의 상상력은 무한하다.

몬드리안 패턴의 비밀

번번이 한계에 부딪히는 인류는 무한한 자연

에서 살면서 그 본질을 만나기를 꿈꿨다. 가까운 사람이 생을 마치고 세상을 떠났다. 그런데 자연은 소멸하지 않고 순환하며 변하지 않는다. 봄 여름 가을을 지나 겨울을 지냈는데 또 봄이 왔다. 광활한 대지를 유유히 흘러 지평선 너머로 사라지는 강을 바라보면서 세상을 느끼고 동경했다.

그래서 인류는 무심한 자연에 의미를 부여해 자연을 인간의 삶으로 들여왔다. 드넓게 펼쳐진 공간, 사라지고 다가오는 시간을 인류는 감각을 통해 분별하고 패턴을 만들었다. 시간을 절기로 나눠 봄맞이 축제를 열었고 수확의 기쁨을 나누는 기간을 설정했다. 시간이 무한하게 흘러가지 않고 인류의 삶으로 들어온 것이다. 마찬가지로 드넓게 펼쳐진 벌판이나 높게 솟은 산봉우리, 그 너머를 볼 수 없게 만드는 언덕, 그 자연의 공간을 인류는 해가 뜨는 쪽과 지는 쪽으로 구분했고 돌을 쌓아올려 탑을 세워 좌표를 설정했다. 담을 쌓고 집을 지어 공간을 창조했다.

스도쿠sudoku에서 숫자의 퍼즐을 맞춰 나가듯이 사람들은 자연에서 패턴을 찾아나갔다. 우주와 자연을 감각해서 인류에게 필요한 요인들을 추출한 것이다. 그 옛날 자연의 돌덩이를 가져다 쪼개고 닦아 형태를 부여해 돌도끼라는 새로운 사물을 창조했듯이 리듬과 멜로디를 창출해서 음악을 작곡했고 형상과 색깔을 뽑아내 그림도 그렸다.

그러면서 사람은 패턴에 갇히지 않고 그것을 통해 상상력의 힘으로 무한으로 나간다. 예술은 그렇게 무한을 유한으로 만들고 다시 무한으로 뻗어나가는 역설의 패턴이다.

피터르 몬드리안Pieter Cornelis Mondriaan(1872~1944)이 풍경에서 자연의 절대 패턴을 추출하려고 한 이유도 그 때문이었다. 몬드리안의 작업은 예술의 세계가 화폭 안에만 존재한다는 점을 극복한다. 그의 작품은 캔버스 바깥으로 퍼져나가 예술 세계가 실제 세계를 무한하게 확장하고 있는 점을 알린다.

그래서 몬드리안의 프레임으로 보면 세상의 모든 것이 매력적

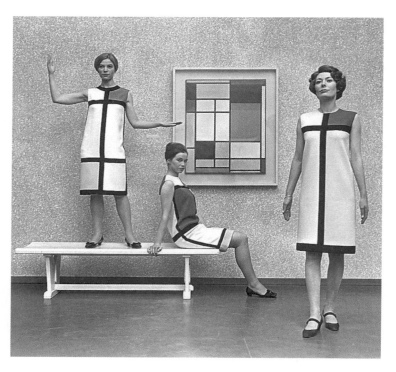

이브 생로랑, 몬드리안 드레스, 1966

으로 보인다. 이에 착안해 패션 디자이너 이브 생로랑Yves Saint-Laurent (1936~2008)은 몬드리안 룩을 만들어 사람들의 시선을 끌었다. 그릇, 가구, 가전제품 등 여러 생활용품들, 인테리어에서 호텔, 아파트 같은 건축물까지 사람들은 꾸준히 몬드리안의 틀을 활용하고 있다.

이러한 매력을 낳는 비밀은 그의 패턴에 사선이 없다는 데 있다. 화폭이 마름모꼴로 기운 작품에서도 몬드리안은 사선은 긋지 않았다. 왜 그는 사선을 그리지 않았을까. 그 이유를 추적하는 일은 예술의 역사와 과학사 그리고 예술과 과학이 교차하는 지점을 통과해야 한다. 그리고 그 추적이 끝나는 곳에서 우리는 클레를 다시 만날 수 있다.

예술에서 과학으로 나가는 지점에 먼저 소실점이 나온다.

보이지 않는 힘, 소실점

소실점vanishing point은 눈에 보이지 않지만 보이는 모든 것에 작용하는 점이다. 사라지는 점이라는 뜻이지만 사실 모든 것을 끌어당긴다. 따라서 보이는 것들 자체가 소실점을 말하고 있다.

보이지 않지만 보이는 것들에 작용하는 힘을 밝히려는 예술가들의 바람은 소실점의 발견으로 이어졌다. 그림의 모든 선이 그곳으로 수렴된다. 그러면서 그림 평면에 깊이의 감각을 주어 진짜 같은 느낌을 만든다.

14세기 중반 1357년에 완공된 피렌체의 산타 마리아 노벨라Santa Maria Novella 성당에는 1427년 마사초Masaccio(1401~1428)가 그린 〈성 삼위일체〉 프레스코fresco가 있다. 높이 6.67미터의 이 벽화는 공간감을 띠어서 직접 마주하면 벽 안에 들어가 있는 기분이 든다. 격자로 이뤄진 반원천장은 벽면을 무척 깊은 건축물로 보이게 한다. 그림의 제단마저 진짜로 있는 것 같다. 지금은 색이 바래 그 느낌이 덜하지만 처음 이 벽화를 본 사람들은 벽을 뚫은 줄 알고 놀랐다고 한다. 이 프레스코는 예수 오른편, 보는 사람 입장에서는 왼편의 마리아가 고

〈성 삼위일체〉(마사초, 1427)와 투시도법

개를 돌려 벽화를 보는 사람들을 안으로 인도한다.

이 벽화는 정밀 투시도법으로 그려진 첫 그림이라고 알려져 있다. 피렌체의 건축가 필리포 브루넬레스코Filippo Brunellesco(1377~1446)가 처음 소실점을 발견했는데, 그 제자 마사초가 그것을 적용한 투시도법으로 이 벽화를 그렸다.

마사초는 톰마소 디조반니 디시모네 구이디Tommaso di Giovanni di simone Guidi의 별명이다. 동료들은 세상 물정에 어둡고 자신을 치장하는 데 별 신경을 쓰지 않는 그를 마사초라고 불렀다. 이름 톰마소를 마소Maso라고 줄이고 거기에 어리숙하다는 뜻을 섞은 별명이다. 그는 그림을 제대로 그리는 데 온 정신을 쏟다 보니 세속적인 욕심에도 사사로운 관계에도 신경 쓸 겨를이 없었다. 그는 인간의 본질을 파고들었다. 피렌체의 산타 마리아 델 카르미네Santa Maria del Carmine 성당의 브란카치 기도소Cappella Brancacci에 그린 〈낙원 추방〉(1426~1427)에서 마사초는 벌거벗은 채 낙원에서 쫓겨나는 공포를 아담과 이브의 표정에 적나라하게 담아냈다. 낙원을 잃은 인간의 모습을 미화할 수는 없는 일이다. 이후 레오나르도 다빈치Leonardo da Vinci(1452~1519)도 미켈란젤로 부오나로티Michelangelo Buonarroti(1475~1564)도 생생하고 정밀하게 인간 본성을 관찰한 그의 그림을 보면서 예술 세계를 펼쳤다. 마사초는 비록 스물일곱의 나이로 단명했지만 르네상스 회화를 탄생시킨 예술가였다.

예술은 인간의 일로, 자연을 인간의 영역에 담으려고 애썼다. 그래서 이차원인 평면에, 입체적으로 보이는 세상을 표현하고자 했다.

들소들을 겹쳐 그려 동굴벽화에 원근의 현상을 구현했다. 같은 크기의 사물이라도 먼 곳에 있으면 작고 어렴풋이 보이고 가까이 있으면 크고 선명하게 보인다. 크기와 명암으로 그림에 간격을 나타냈다. 또는 가까운 것은 화면 하단에 먼 곳은 화면 상단에 배치하기도 했다. 비스듬한 물체는 실제보다 짧아 보이니 거리에 따라 모양을 일그러뜨리는 단축법foreshortening도 사용했다.

언제나 꼭 보이는 대로 그리려고 들지는 않았다. 시대마다 그 시대정신이 담겨 패턴이 변했다. 석기시대 사람들은 생존에 필요한 동물들을 동굴이나 암벽에 그대로 본떠 그리면서 포획하는 일로 여겼고, 해가 지고 달이 뜨듯 음과 양이 어울려 생산성이 생기는 점을 주목하여 모든 사물을 음양으로 분류해 그렸다. 고대 이집트에서는 실제 사물을 보이는 대로가 아니라 알고 있는 대로 표현해 훼손하지 않으려고 했다. 고대 그리스는 그들이 상상하는 이상적인 형태로 조각을 만들었다. 한편 동양의 산수화에서는 자연의 기운을 담아내려고 애썼다. 중세에 접어들어서는 무언가를 상징하는 아이콘을 그렸다.

그러다가 정밀 원근법이 발명됐다. 우리의 지각과 실재를 일치시키려고 노력한 결과였다. 눈대중으로 대충 어림잡아 그렸던 자연을 정교하게 측정해서 작도했다. 정밀 원근법은 차라리 투시도법이라고 불러야 맞다. 이 측정 기술은 자연의 성질을 훼손하지 않고 객관적으로 반영하려는 자세를 취했다.

소실점에서 중요한 부분은 그것이 대상을 바라보는 눈높이에서 결정된다는 사실이다. 지평선이 형성되는 지점이 눈높이인데, 그림에 그려진 모든 것을 지배하는 소실점을 눈높이가 결정한다. 투시도법은 자연을 인간의 위치로 들여오는 일이다.

투시도법을 익히기 위해서는 기하학 공부를 바탕으로 적지 않은 수련이 필요하다. 정밀한 관찰이 필요한 소실점은 과학혁명을 일으켜 새로운 세계를 열게 한 출발점이 되었다.

다빈치의 예술이 싹틔운 과학

하늘은 왜 파랄까. 그 까닭을 처음 밝힌 인물은 레오나르도 다빈치다. 그는 대기의 파란색은 본래의 색이 아니라 검은 우주를 배경으로 태양광선이 난반사돼 일어난 산란 현상이라는 점을 실험을 통해 처음 입증했다.

마른 나뭇가지를 태워 연기가 태양광을 향해 피어오르게 한다. 그리고 연기 뒤편으로 태양광선이 닿지 않게 검정 천을 친다. 그러면 눈과 천 사이의 연기가 청색으로 보인다. 만일 흰 천을 두르면 연기는 회색으로 보인다. 대기의 청색은 어둠이 뒤편에 있기 때문에 생겨난다.

다빈치의 실험은 이후, 색깔이 고유하지 않고 빛의 작용에 따른다는 광학의 발전에 기여했고 또 그 빛을 그린 인상주의 등장에 영향을 끼쳤다.

다빈치는 예술가일까 기술자일까 과학자일까 발명가일까. 모든 일에 능숙한 다빈치를 어떻게 불러야 할지 고민하는 일은 당연하다. 그는 위대한 예술작품을 남겼고 여러 기술을 개발했으며 과학의 원리를 밝혔고 전에 없던 기구들을 설계했다. 그는 예술, 기술, 과학이 각기 다른 영역에 속하지 않고 상상력과 창의성을 기반으로 긴밀하게 연결된 인류 본연의 활동이라는 점을 입증한 인물이다. 그 시작은 예술이었다.

다빈치는 피렌체 근교 작은 산골 마을에서 태어났다. 그는 열다섯 살 때 피렌체로 이주해 열일곱 살이던 1469년 조각가이자 화가인 안드레아 델 베로키오Andrea del Verrocchio(1436~1488)의 공방에 들어가 소묘를 배우며 그림을 그리기 시작했다. 그리고 3년 후 피렌체 화가 조합에 가입한다.

예술가로서 다빈치는 사물의 형태를 정확하게 스케치하기 위해서 선과 명암을 관찰했고 또 그것을 평면에 구현하는 법을 연구했다. 피렌체에 있는 산타 마리아 노벨라 성당의 〈성 삼위일체〉에서 소실점을 본 뒤 정밀한 투시도법을 연마했다. 세상을 정확하게 보려는 예술가의 탐구 정신이 그를 과학자로도 발명가로도 발전하게 만들었다. 그의 예술작품들이 신비하게 다가오는 까닭도 이런 과학적인 태도로 표정을 관찰했기 때문이다. 〈모나리자〉(1503)는 모델이 누구일까 하는 선정적인 관심까지 유발하는 작품인데 그 신비는 다빈치가 빛과 그림자를 통해 윤곽을 파악한 점에서 나온다. "윤곽에 대해 말하자면, 빛과 그림자가 맞부딪히는 게 아니라 연기처럼 하나가 되는 현상을 보길 바란다." 실험으로 관찰한 윤곽에 대한 그의 언급에서 〈모

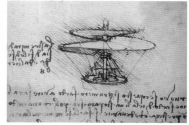

다빈치의 식물세밀화와 비행기구 스케치

나리자〉가 주는 신비감의 비밀을 알 수 있다. 다빈치는 과학적인 자세로 감정과 영혼을 표현했다.

인체를 정확하게 그리기 위해서 그는 해부까지 했다. 근육과 뼈, 척추, 관절을 관찰했고 심장, 위, 창자 등 각종 장기, 심지어 태아의 모습까지 방대한 노트에 기록했다. 또한 각종 동물과 식물을 동식물 도감처럼 스케치했고, 기중기, 운하를 파는 기계 등 각종 기구들과 그 설계도를 상세한 설명을 붙여 노트에 적었다. 후대에 그의 관찰 기록을 묶으니 7000페이지가 넘었다.

다빈치는 하늘을 나는 상상도 했다. 막연하게 상상한 것이 아니라 공기의 흐름을 타고 나는 새의 비행을 관찰하고 새의 날개를 분석해서 행글라이더 모양의 항공기를 그렸다. 이런 기구가 없던 시절에 다빈치는 비행 장치를 상상해 설계했다. 회전날개를 돌려서 나는 비행기구는 동물의 모양에도 없는 형태로 공기의 부력을 연구해 나온 상상력의 결과인데, 그것이 지금의 헬리콥터와 비슷하다는 점은 특히 놀랍다.

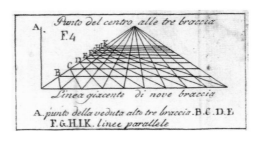

레온 바리스타 엘베르티의 투시도법, 《회화론》, 1435

예술가로 시작해서 과학자, 발명가로 전개되는 그의 생애는 이후 예술이 낳은 과학혁명이 현대의 테크놀로지로 이어지는 시대 변천의 역사를 그대로 함축한다. 여기서 중요한 점은 그의 과학과 발명이 치열한 예술 정신의 일환이었다는 사실이다.

다빈치가 활동하던 시기에 많은 예술가들이 관찰을 토대로 작업했다. 레온 바티스타 알베르티Leon Battista Alberti(1404~1472)는 시인이자 건축가이면서 저술 활동에도 매진한 학자였다. 그는 제노바에서 태어나 1428년 피렌체로 들어가 마사초의 소실점을 보고 나서 투시도법을 널리 알린《회화론》Della Pittura(1435)을 집필한다. 이 저술은 처음 소실점을 발견한 브루넬레스코에게 헌정하는 말로 시작해서 마사초를 만난 일을 회상하면서 투시도법을 설명하고 있다. 훗날 1470년에 알베르티는 산타 마리아 노벨라 성당의 파사드를 직접 건립해 첫 소실점 프레스코에 경의를 표하기도 했다.

그 밖에도 격자 틀로 투시도법을 구현한 독일의 알브레히트 뒤러 Albrecht Durer(1471~1528)가 있다. 프랑스의 도예가 베르나르 팔리시Bernard

Palissy(1510~1590)는 좋은 흙을 찾아 연구한 요즘 말로 하면 지질학자이자 광물학자이기도 했다.

자연의 패턴을 더 정확하게 보겠다는 예술가들의 작업 태도는 17세기 전문 과학자들의 출현을 이뤘다.

스키엔티아, 새로운 것을 발견하다

자연 현상을 관찰해서 그 자체의 법칙을 탐구하는 정밀한 자연과학이 이 시기에 정립된다. 과학 연구는 그동안 몰랐던 가시적인 현상의 원리를 밝혀 인식의 영역을 확장한다는 점에서 예술의 성질과 맞닿아 있다.

튀빙겐대학교에서 신학을 전공한 요하네스 케플러는 우주를 움직이는 신의 계획을 알고자 했다. 그는 천문학자 튀코 브라헤Tycho Brahe(1546~1601)가 20년에 걸쳐 관찰한 천체 관측 기록을 활용하고 또 직접 관찰하여 얻어낸 데이터를 면밀하게 분석해서 화성이 태양 둘레를 타원으로 돈다는 사실을 밝혔다. 그는 관측 결과를 계산해 행성 공

요하네스 케플러의 행성 음악,《세계의 하모니》, 1619

전 주기의 제곱은 궤도 반지름의 세제곱에 비례한다는 공식을 내놓아 근대 과학의 선구자로 불린다. 그의 계산은 예술적 상상력에서 출발했는데 초기 저술《세계의 하모니》(1619)에서는 수성, 금성, 지구, 화성, 목성, 토성 각 행성들이 고유한 음계를 연주하여 화음을 이룬다며 행성의 움직임을 악보의 음표로 풀기도 했다.

행성의 운행을 이해하려니 물체의 운동 법칙을 따져야 했다. 행성이 원형이 아닌 타원 운동을 한다는 발견은 정밀한 역학mechanics을 필요로 했다. 곧이어 질량을 가진 모든 물체가 서로 잡아당기는 만유인력을 뉴턴이 알아낸다. 그는 질량의 곱에 비례하고 거리의 제곱에 반비례하는 중력을 계산해 케플러의 법칙을 과학적으로 설명했다. 뉴턴의 세 권짜리 라틴어 저작《자연철학의 수학적 원리》(1687)는 제목 그대로 만물의 운동 법칙을 수학으로 증명하고 있다. 17세기를 과학혁명의 세기라고 부르는데 자연과학의 발전이라는 의미 말고도 과학적 발견으로 세상을 이해하는 방식을 뚜렷이 바꾼 의식 혁명이 일어났다는 뜻이다.

자연과학은 지상의 자연을 우주의 원리로 보는 입장에서 출발했다. 개개의 것들이 주변과 맺는 관계를 밝혀 전체 질서를 찾으려는 자세에서 과학혁명이 일어났다. 과학적 탐구는 우주 전체의 설계도를 찾으려는 노력이었다.

과학 지식은 새로운 힘을 가져다주었다. 부도 권력도 자연과학의 성과로 확장할 수 있었다. 이후 각국은 과학아카데미를 출범시킨다. 1660년 런던에 왕립학회가 설립됐는데 본 명칭은 '자연 지식의 향상을 위한 런던 왕립협회'The royal society of London for the improvement of natural knowledge였다. 1666년에는 루이14세가 파리에 왕립 과학아카데미 Academie des sciences를 세웠다. 과학이 이룬 서구의 문물 발전에 자극을 받은 러시아도 1724년 상트페테르부르크에 뒤늦게 과학아카데미 Rossiiskaya akademiya nauk를 만들었다.

과학아카데미 설립 후 과학자들은 국가의 후원을 받으며 연구에 전념할 수 있었다. 이때부터 과학은 여러 전문 영역으로 심화해 들어간다. 17세기까지 과학자들은 뉴턴의 저서 제목처럼 자연을 탐구하는 자연철학자natural philosopher라고 불렸다. 라틴어에는 지식과 인지를 뜻하는 여러 단어 노티티아notítĭa, 코그니티오cognítĭo, 나리타스gnárĭtas 등이 있는데, 이미 있는 것을 확증하는 지식을 가리키는 이러한 단어들과 달리 새로운 것을 발견하여 분별한다는 뜻의 스키엔티아sciéntĭa가 과학을 뜻하는 단어로 쓰이기 시작했다. 자연과학이 새로운 세계를 여는 지식이라는 점을 강조한 것이다. 이제 이들을 철학자와 구분하여 과학자scientist라고 불렀다.

전문화된 길로 접어든 자연과학은 물리학, 생물학, 지구과학 등으로 갈라지고 물리학은 천체물리학, 열역학, 양자역학, 무기화학, 유기화학, 생물학은 해부학, 생태학, 유전학, 미생물학, 신경생물학, 지구과학은 지질학, 기상학, 해양학, 빙하학 등등 여러 갈래로 나뉘었다. 자연과학이 세분화되면서 전체의 맥락을 따지기보다 연구 분야의 전문성으로 심화해 들어갔다. 내부로 깊어져 자기 영역을 견고하게 고수했다.

과학이 발견한 이론을 생활에 쓸모가 있도록 가공해서 기기를 만들면서 도구가 빠르게 발달했다. 이때부터 테크놀로지는 과학의 업적을 구현한 과학기술이라는 뜻으로 쓰인다. 산업혁명은 이러한 과정에서 일어난 일이었다.

물리학은 여러 실험을 가능하게 했는데, 물이 끓으면 수증기가 되고 이때 부피는 천 배가 훨씬 넘게 팽창한다는 점을 알렸다. 그 팽창 현상을 에너지원으로 응용했다. 보일러에서 보낸 증기의 팽창과 수축을 이용해 피스톤을 속이 빈 원통의 실린더에서 왕복 운동하게 하여 거기서 얻은 동력으로 기계를 움직인다. 증기기관이 나왔다.

앞서 언급했듯이 기계를 사용하니 에너지가 갑자기 폭발적으로 증가했다. 공장이 커졌고 생산량도 훨씬 늘었다. 기계를 돌릴 연료를 때느라 공장에 굴뚝도 세웠다. 이어서 증기기관차, 증기선도 나왔다. 생활의 모든 패턴이 달라졌다.

한편 유럽의 북쪽 플랑드르Flandre에서는 그림 도구의 혁신이 일어났다. 새로운 도구의 발명으로 표현 방식이 변한다.

최초의 유화 작품

화가들은 색깔을 칠하기 위해서 자연에서 찾은 천연 안료를 사용했다. 광석, 고령토, 식물의 잎, 열매, 꽃 또는 곤충 등을 잘게 빻아 그 가루를 아교나 나무진, 달걀노른자 등을 고착제로 사용하여 색칠을 했다.

안료를 아교나 달걀노른자에 개어서 나무판에 그리는 방식을 템페라tempera라고 부른다. 제단화를 그렇게 그렸다. 벽화는 프레스코로 그렸는데, 석회 가루를 물로 반죽해 벽이나 천장에 바르고 젖은 석회에 물감으로 색을 입혔다.

플랑드르의 얀 판 에이크Jan van Eyck(1390~1441)도 처음에는 이 방식으로 그림을 그렸다. 그런데 달걀노른자로 안료를 이긴 그림이 햇빛을 받으면 자꾸 갈라졌다. 그는 물감이 갈라지지 않게 오일을 첨가할 생각을 했다. 달걀노른자는 금방 마르고 탁해서 세밀한 부분을 충분히 표현하기도 힘들었다. 그늘에서도 건조되고 건조되면서 물감이 갈라지지 않는 투명한 오일을 찾기 위해 에이크는 여러 재료를 연구하고 실험했다.

마침내 에이크는 나뭇진을 증류해 만든 무색 휘발성 부르게스 화이트 바니시Bruges white varnish를 한해살이풀 아마亞麻의 씨에서 짜낸 기름과 혼합하여 미디엄으로 쓰는 방식을 발견했다. 이 오일 혼합물에 안료를 섞어 그리니 그늘에서도 잘 마르고 색채에 광택이 나며 덧바르면 쉽게 수정할 수도 있었다. 세세한 부분을 정밀하게 묘사하기도 용이했다. 유화가 탄생했다. 당장 에이크의 그림부터 달라졌다. 세부를 정교하게 묘사한 〈아르놀피니 부부의 초상〉(1434)을 그릴 수 있었다. 이 방식은 곧 유럽으로 퍼져 다빈치도 〈모나리자〉 등을 유화로 그렸다. 지금도 이 방식으로 유화를 그린다. 에이크는 유화의 창시자다.

이후 18세기에 도료 상인들이 유화 물감을 즉석에서 사용할 수 있도록 소나 돼지의 오줌통에 넣어 팔았고, 1824년에는 주석 튜브가 발명됐다. 화가들은 유화 물감을 담은 금속 튜브 덕에 드디어 아틀

얀 판 에이크, 〈아르놀피니 부부의 초상〉, 1434

리에서 벗어나 이젤을 들고 밖으로 나갈 수 있었다. 야외에서 직접 그림을 그린 인상주의 화가들이 나왔다.

이 시기는 한창 산업혁명이 진행되는 때이기도 했다. 인상주의 화가들은 화실 밖으로 나가 당시로서는 새로운 광경을 연출하는 기차역, 공장의 굴뚝 등을 그렸다. 과학, 기술, 예술이 만나는 지점에서 인상주의가 탄생한 것이다.

증기기관차를 타고 멀리 시골이나 바닷가로 이동하기도 편해졌다. 마차보다 빠르며 저렴한 교통수단 덕에 인상주의 그림에는 자연의 경치를 담은 풍경화도 많았다.

공장이 늘어나면서 풍경화의 인기가 올라갔다. 공장 가동에 맞춰 출퇴근하며 빡빡하게 생활해야 하는 사람들은 소박하고 여유로운 전원생활을 꿈꿨다. 풍경화는 각박한 생활로 직접 찾아가기 힘든 자연을 상상하게 해줬다. 도시인들이 인상주의 풍경화를 보며 자연 자체를 그대로 느낄 수 있었다.

인상주의는 사실을 그리려는 예술 경향의 정점에 놓인 사조다. 보이는 대로 느끼는 대로 그린 인상주의 그림들은 사실을 그렸음에도 기괴하다는 혹평을 받는다. 이는 통념의 벽이 얼마나 두터운지 말해준다. '사실'이라는 것이 그것을 보는 마음에서 만들어진다는 사실을 받아들일 수 없게 하는 통념의 벽.

인상주의에 쏟아진 비난

빨간색 옷은 빨갛게, 하늘은 파랗게 칠해야 옳다는 통념은 자신이 보는 대로 사유하지 못하고 관념으로 딱딱하게 형성된 사물의 색깔을 실제 색으로 여기는 굳은 의식이다. 이 통념의 벽을 깨는 데는 색이 빛의 작용으로 변한다는 광학적 지식과 더불어, 모든 사물과 현상이 그것을 받아들이는 사람에 따라 다르게 보인다는 사실을 인정하는 열린 사유가 필요하다.

인상주의 그림들을 보면 왜 인상주의라는 같은 이름으로 불리는지 의문이 들 정도로 서로 유사하지 않는 점들이 많다. 화가들의 화풍이 제각각인데, 이를테면 쇠라는 선을 긋지 않고 색점을 찍었지만 세잔은 윤곽선이 뚜렷한 그림을 그렸고 반면에 클로드 모네Claude Monet(1840~1926)는 그림에서 선이 흐릿하다. 그런데 이들을 함께 인상주의라고 부른다.

인상주의라는 명칭은 평론가 루이 르로이Louis Leroy(1812~1885)가 파리에서 간행되는 '왁자지껄'이라는 뜻의 풍자 신문 〈르 샤리바리〉 1874년 4월 25일 자에 '인상주의자들의 전시회'라는 글을 기고한 데서 나왔다. 이 글에서 르로이는 인상주의 전시회에 걸린 그림들을 진지하지 못하고 사람의 눈을 속인다고 조롱의 어투로 비난하고 있다. 흥미롭게도 진지하지 않은 글을 싣는 풍자 신문에서 화가들의 전시회가 진지하지 못하다고 평가하고 있다. 그런데 화가들은 이때 얻은 명칭인 인상주의를 1877년 제3회 전시회부터 자기 이름으로 공식적으로 사용한다. 인상주의 화가들은 동일한 원리로 그림을 그리지 않고 모두 다른 개성과 생각을 가지고 있었지만 한 가지, 기존의 화풍에서 벗어나 혁신적으로 인상을 담았다는 부분에서는 일치하여 조롱의 평가를 본인의 명칭으로 수용했다. 경직된 아카데미즘에 젖어 타인의 심상을 받아들이지 못하는 평단의 뻣뻣한 태도를 화가들은 그들이 부여한 이름으로 거꾸로 반박한 셈이다.

카미유 피사로, 〈서리〉, 1873

인상주의라는 명칭을 안긴 르로이의 기사를 보면 도리어 인상주의가 패턴이라는 점을 읽어낼 수 있다. 글은 제1회 인상주의 전시회를 방문한 관람객이 거기에 걸린 그림들을 비웃거나 깔보면서 놀리는 대화체로 구성돼 있다. 풍자 신문의 문체에 맞춰 구경꾼의 자세를 입체적으로 다룬 이 기사에서 한 관람객이 피사로의 〈서리〉(1873)를 보면서 어이없어한다.

피사로가 그린 쟁기질한 들판 앞. 이 어처구니없는 풍경화를 보면서 한 순진한 남자가 안경의 렌즈가 지저분하다고 생각하고 조심스럽게 그것을 닦아 다시 코에 걸쳤다.

"아이고 맙소사!" 그가 소리쳤다. "도대체 저게 뭐야?"

"깊게 갈아엎은 이랑 위에 서리가 내린 것을 보고 있지요."

"뭐, 이랑이라고? 서리라니? 더러운 캔버스에 아무렇게나 팔레트의 물 감 부스러기를 뿌려놓은 것이 아닌가. 앞뒤도 위아래도 없잖아."

"그래도…… 인상이란 건 있지 않나요."

"흠, 인상이라, 우습군."

기사 뒷부분에서는 관람객이 전시회에 걸린 그림에 그려진 사람들 의 모습을 옆에 서 있는 경비원의 실제 얼굴과 비교해가며 인간의 또

베르트 모리조, 〈빨래〉, 1875

렷한 얼굴 모양을 뭉개버렸다고 울먹이기까지 한다. 인상주의 1회 전시회에 참가한 유일한 여성 화가인 베르트 모리조Berthe Morisot(1841~1895) 역시 손가락으로 그린 것 같다고 평론가가 한탄한다.

모리조 양을 보게! 저 숙녀는 세부를 묘사하는 데 관심이 없어서 모두 소홀하게 다루고 있어. 그림을 그릴 때 손가락으로 그은 듯 붓 자국을 내고 있지. 그러면 끝나는 거야.

에두아르 마네, 〈제비꽃 장식을 한 베르트 모리조〉, 1872

인상주의의 선구자로 불리는 에두아르 마네가 그린 초상화의 모델로도 유명한 모리조는 화가로 인상주의전 1회부터 8회까지 딸 줄리를 출산한 1879년을 빼고 일곱 번 참가했다. 모리조는 정취가 풍부한 주제를 밝은 색채로 표현했지만 역시 꼼꼼하게 세부를 묘사하지 않고 거칠게 툭툭 물감을 치듯 그렸다고 조롱거리가 됐다.

처음에 평단의 비웃음을 샀지만 1874년부터 1886년까지 8회의 인상주의 전시회는 회를 거듭할수록 차츰 사람들의 관심을 끌었고, 지금은 큰 사랑을 받으며 인상주의가 널리 알려졌다. 이전에는 작품을 보면서 개는 충성을 상징하고 해골은 인생 성찰 혹은 덧없는 욕망을 뜻한다는 식으로 해석해야 했다. 인상주의 작품은 말 그대로 그저 바라보면서 느끼면 되는 그림이기 때문에, 정서적 자극으로 온전히 감상할 수 있다. 그렇게 인상의 패턴들이 주는 감동은 이전과는 달랐다.

풍경을 담는 패턴의 변화

그림에 담긴 자연의 풍광을 살피면 패턴의 변화를 볼 수 있다. 인상주의 이전의 화가들도 산과 들을 많이 다뤘지만 야외에서 직접 그리지는 못했다. 풍경을 보고 그 감상을 스케치한 후 작업실에서 그렸다.

그때에는 경치가 분위기를 낳는 배경의 역할을 했다. 인물의 성격을 부각시키거나 사건이 벌어지는 장소를 나타냈다. 그러다가 화가들이 자연의 경치로 세계관을 표현하기 시작했다. 부차적인 요소였던 경치가 중심으로 나와 풍광만을 그린 순수 풍경화도 등장했다. 그림에 인물이 있어도 중심은 풍경이 차지했다. 낭만주의 그림들에서 그러한 자연을 볼 수 있다.

카를 카루스Carl Gustav Carus(1789~1869)는 드레스덴대학 의학부의 교수로 신체의 기관을 연구하는 생리학자였다. 그는 그림에도 소질을 보여 풍경화를 자주 그렸다. 자연과학자로서 그는 과학이 생명체의 세포나 기관을 아무리 잘 분석한다고 해도 풀잎 하나 만들 수 없다며 자연의 경이를 느끼고 그 놀라움을 풍경화로 표현했다. 카루스는 20대 후반에 화가 카스파르 프리드리히Caspar David Friedrich(1774~1840)에게 그림을 배웠다. 30세이던 1819년에는 프리드리히를 따라 몇 주 동안

카를 카루스, 〈해안의 떡갈나무〉, 1834

발트해의 뤼겐섬에 머물며 풍경화를 그리기도 했다. 〈해안의 떡갈나무〉(1834)는 이때의 기억을 되살려 그가 45세에 그린 작품으로 '발트해 숲이 우거진 섬의 추억'이라는 부제가 붙어 있다. 그림에서 우리는 살아 꿈틀거리는 거목을 경이롭게 바라보는 자연과학자의 시선을 느낄 수 있다.

자연에 놀라는 시각은 그의 그림 스승 프리드리히의 작품들에서 특히 두드러진다. 프리드리히가 한 해에 그린 〈안개 바다 위의 방랑

카스파르 프리드리히, 〈안개 바다 위의 방랑자〉, 1818

자〉(1818)와 〈일출을 맞는 여인〉(1818)에는 인물이 한가운데 떡하니 서 있다. 등을 보인 인물 앞에는 자연이 펼쳐져 있다.

남자 앞으로 구름 안개가 피어오르고 멀리 산 정상이 아득하게 보인다. 산은 하늘과 구분되지 않고 마치 천상으로 솟구치는 분위기다. 지팡이를 든 남자는 지금 무슨 상상을 할까. 바위 절벽 위에서 사내는 무한의 세계로 도약하고 있다.

여인의 앞으로 어스름을 헤치고 해가 떠오르고 있다. 태양은 직접 보이지 않지만 아침노을이 지상을 붉게 물들인다. 여인은 두 팔을 벌리고 해를 향해 손바닥을 폈다. 솟아오르는 일출의 기운이 온 땅에 스며든다.

카스파르 프리드리히, 〈일출을 맞는 여인〉, 1818

그림은 남녀 모두 등을 돌리고 있어서 인물이 저 먼 곳으로 향하는 운동감을 느끼게 한다. 남자가 서 있는 바위는 더 이상 오를 수 없는 꼭대기고, 여인이 선 길은 끝났다. 그곳에서 그림은 갑자기 도약한다. 인물은 그 세계로 들어가는 출입구와 같은 역할을 한다. 이 그림들을 보고 있으면 사사로운 근심은 사라지고 나는 무엇인가라는 본질적인 질문이 떠오른다.

신비감을 느끼는 일은 자기 한계를 넘어선 것을 적극적으로 받아들이는 태도다. 경이를 그린 그림들은 새로운 세계를 만날 수 있는 가능성을 열어준다. 아인슈타인Albert Einstein(1879~1955)은 우주의 원리를 밝힐 수 있었던 상상력을 높게 사며 이렇게 말한 바 있다. "우리가 경험할 수 있는 가장 아름다운 감정은 신비감이다. 그것은 진정한 예술과 과학의 근본적인 감정이다. 이러한 감정을 모르는 사람, 경외심을 가지고 감동하지 못하는 사람은 죽은 사람과 다를 바 없고, 꺼져버린 촛불에 지나지 않는다."

이어지는 사실주의에서도 풍경화들이 많이 나왔다. 사실주의 화가들은 일상이나 정치경제적인 차원을 특히 주목했지만 자연도 역시 사실주의 특유의 감각으로 포착해냈다. "천사는 그리지 않는다. 실제로 본 적이 없기 때문이다"라며 냉철한 리얼리스트임을 선언한 귀스타브 쿠르베도 풍경화를 그렸다.

쿠르베의 〈화가의 작업실〉(1855)은 그림으로 그린 일종의 자서전인데, 그는 이 작품에 '7년 동안의 내 예술적이고 윤리적인 삶을 요약한 사실적 알레고리'라는 긴 부제를 붙였다. 정중앙에 그림을 그리

구스타브 쿠르베, 〈풍화된 암석〉, 1864

고 있는 화가 쿠르베가 있고, 그 좌우에 여러 인물들이 나온다. 맨 오른쪽 가깝게 지낸 시인 보들레르로부터 쿠르베가 예술가로서 다룬 시대의 군상들이다. 그런데 뜻밖에도 정작 화가가 그리는 화폭의 그림은 풍경화다.

사실 쿠르베의 작품 절반 이상이 풍경화다. 그가 그린 자연은 관람객에게 직접 체험하는 느낌을 준다. 〈풍화된 암석〉(1864)을 보고 있으면 마치 그 현장에 있는 듯한 기분이 들며, 울퉁불퉁한 암석의 촉감이 손에 닿는 것만 같다. 그림 아래쪽 검은 옷을 입은 사내는 거대한 돌산과 깎인 절벽 그리고 암석을 관찰하여 무엇인가를 노트에 기

클로드 모네, 〈정원의 여인〉, 1867

록하는 포즈다. 때론 자연이 삶의 혹독한 환경으로 그려진다. 〈마을의 가난한 여인〉(1866)에서 눈은 전혀 낭만적이지 않고 춥다.

　이어서 인상주의가 등장했다. 자연의 풍광은 각자 느낀 인상에 따라 패턴을 바꾼다. 같은 경관을 보고 같은 일을 겪어도 사람마다 인상이 다르듯 화가마다 개성을 드러냈다. 야외로 나가 직접 풍경을 그렸기 때문에 가능한 일이었다. 〈정원의 여인〉(1867)에서 우리가 보는 주인공은 숲도 나무도 꽃밭도 여인도 아닌 빛이다.

　이 그림은 모네의 초기작으로 그가 무엇에 천착했는지 알려준다. 그는 금방 변하는 빛을 잡기 위해 빠른 시간에 그리려고 물감을 팔레트에서 섞지 않고 거친 터치로 캔버스에 발랐다. 모네의 붓질은 항상 험했고 대상의 윤곽은 흐릿해져갔다. 인물도 나무도 빛에 묻혔다. 또한 모네는 시시각각 변하는 빛을 추적하려고 유난히 많은 연작을 그렸다. 수련 그림만 해도 파리 오랑주리미술관Musée de l'Orangerie의 계란 모양의 2개 전시실에 있는 세로 2미터 가로 6미터가 넘는 대작 8점을 비롯해서 거의 300점 가까이 그렸다. 루앙 대성당의 파사드 연작은 31점이고 지베르니에서 그린 건초 더미는 25점이다. 1891년에 그린 세 폭의 〈포플러〉는 나무 세 그루가 계절에 따라 어떻게 달리 보이는지를 알려준다. 첫 〈포플러〉를 그린 뒤 나무를 베려는 땅주인을 말리려고 화가가 애쓴 일화로 유명한 작품이다. 그려진 시간대의 빛이 달라서 같은 나무가 다른 느낌을 준다. 사라지는 것들을 애틋하게 바라보는 화가의 시선을 그림에서 느낄 수 있다.

인상주의가 빛을 그렸다는 설명은 한편으로 맞지만 인상주의 전체를 포괄하지는 못한다. 그래서 여느 예술 사조와 달리 인상주의, 후기인상주의, 신인상주의라고 구별하는 명칭이 붙었다. 인상주의긴 한데 다른 성질을 보이기 때문이다.

1880년 인상주의 5회 전시회부터 마지막 8회까지 꼬박 참여했던 폴 고갱Paul Gauguin(1848~1903)은 자연을 접하며 그림을 그리다가 문명에 염증을 느끼고 남태평양 타히티섬으로 떠난다. 그가 그린 자연의 풍광은 늘 원시적인 분위기를 자아냈다. 고갱은 그림 제목을 〈언제 결혼하나요〉(1892)나 〈우리는 어디서 왔고 우리는 무엇이며 우리는 어디로 가는가〉(1897)와 같이 인물의 심리나 상태를 나타내는 서술로

클로드 모네, 〈포플러〉 연작, 1891

달았는데 자연만을 담은 풍경화에도 〈이곳으로 와요〉(1891)라고 이름
을 붙이며 풍경에 마음을 투영했다.

후기인상주의로 불리는 빈센트 반 고흐의 작품들에서 우리가 보

는 것은 그의 놀라운 붓질이다. 짧은 선이 여러 번 격렬하게 겹쳐 면을 만든다. 거칠고 두껍게 요동치며 리듬감을 살린 붓 터치. 고흐 그림의 매력은 그려진 대상에 있지 않고 그리고 있음을 드러낸 점에 있다. 가난했지만 고흐는 물감을 아끼지 않고 듬뿍 캔버스에 바르고 그 위에 거칠게 붓질했다. 꿈틀거리는 붓의 길에 화가의 영혼이 담긴다. 그가 프로방스의 햇살 가득한 곳에서도 고독과 두려움을 느꼈다는 것을 우리는 그의 풍경화에 자주 등장하는 짙푸르다 못해 검은 플라타너스들에서 알 수 있다. 플라타너스가 붓의 길을 따라 꿈틀거린다.

세잔의 풍경화에서는 순간의 인상을 만드는 근거를 볼 수 있다. 1874년과 1877년 전시회에 참여하며 자연과 직접 만난다는 인상주의 정신을 고수한 세잔은 풍광에서 변하지 않는 패턴을 보았다. 사물을 유심히 관찰하여 순간에 담긴 영속성을 뽑아냈다. 대상을 오랫동안 바라보니 대상의 패턴이 명료해졌다. 우리도 어떤 사물을 뚫어져라 긴 시간 응시하면 점차 그 대상의 기하학적인 형상이 부각되는 것을 경험할 수 있다. 세잔은 한 획을 긋고 꽤 길게 화폭과 대상을 번갈아 보면서 캔버스를 응시했다고 한다.

그는 어린 시절 생트빅투아르산Mont Sainte-Victoire을 보고 자랐다. 생트빅투아르산은 프로방스 지방에서 가장 높은 산으로, 아르크강에서 멱 감기를 즐긴 어린 세잔에게 크게 각인돼 있었다. 이후 그는 20여 점의 〈생트빅투아르산〉을 그린다. 그림에서 산은 항상 멀리서 변치 않을 듯한 웅장함으로 세상을 무심하게 바라보고 있다.

순간의 근거를 인식하기 위한 세잔의 오랜 응시는 현대 미술을 열었다. 세잔은 곧이어 볼 몬드리안을 예고한다.

우리는 자연의 경치를 보면서 촉감을 느끼고 냄새를 맡고 어떤 소리를 듣는 기분에 잠기기도 한다. 인상주의를 흔히 시각이 중심인 화풍으로 이해하려고 들지만 사람의 감각이 어디 단절되어 있는가. 우리는 무엇을 보면서 향을 떠올리고 소리를 듣는다. 감각은 서로 침투한다. 인상주의 그림에서 우리는 바람 소리도 듣고 풀 향기도 맡는다.

인상주의는 곧 문학과 음악 장르에서도 나타났다. 문학작품은 진중하고 설교적인 어투를 벗어버리고 민감하게 일상의 정서를 표현했다. 체호프와 같은 작가들은 때로 사상 부재라는 비판을 받았지만 일상의 감각을 통해 리얼리즘의 정점으로 들어간 경우다.

자연이 주는 인상을 표현하는 작곡가들도 등장했다. 인상주의 음악의 창시자로 불리는 클로드 드뷔시Claude Achille Debussy(1862~1918), 모리스 라벨Joseph Maurice Ravel(1875~1937) 등이 소리에서 시각적 색채감을 느끼게 하는 곡을 썼다. 인상주의 작곡가들은 조성을 엄격하게 지키지 않고 반음계를 자주 사용하면서 분위기를 만들어냈다.

널리 사랑을 받고 있는 드뷔시의 〈베르가마스크 모음곡〉Suite Berga-

♪ 클로드 드뷔시, 〈달빛〉 by 조성진

masque(1890) 세 번째 곡 〈달빛〉을 들으면 맑은 달밤의 풍경이 그림처럼 떠오른다.

몬드리안은 왜 사선을 긋지 않았나

몬드리안은 풍차가 있는 경치를 자주 그린 네덜란드의 풍경 화가였다. 그는 숲이 울창한 오테를로 인근, 지금은 국립공원으로 지정된 호헤 벨뤼에Hoge Veluwe National Park를 찾아 그린 〈올레 근교의 숲〉(1908)으로도 유명했다. 풍경을 접하면서 몬드리안은 자연을 움직이는 원리를 보기 시작한다. 그리고 마침내 몬드리안 하면 떠오르는 패턴을 열었다. 풍광을 담은 그림보다 자연의 패턴을 부각시킨 이런 풍경화는 직접성이 없어 오히려 더 큰 상상력으로 자연을 만나게 해주는 매력을 지녔다.

몬드리안은 세상에서 변하지 않는 원리를 추출해서 색상의 바탕이 되는 세 가지 원색인 빨강, 노랑, 파랑과 무채색인 하양, 검정을 뽑아냈고, 형상도 과감하게 수직과 수평으로 추려냈다. 원색은 일차색이라고도 하는데 혼합하여 여러 색상을 만드는 기본색이면서 그 어떤 색을 섞어도 나올 수 없는, 다른 색상은 전혀 들어가 있지 않은 근본의 색깔을 말한다. 수직과 수평 역시 어떤 물체를 실제로 그려보면 그것의 외형을 단순화하여 내면의 속성을 그리게 되는 체험으로 잘 알 수 있는 모든 형상의 근거다. 대립하는 것들이 수평과 수직으로 중심을 잡는다. 동시에 자연과 그것을 바라보는 사람의 지각도 균형을 이룬다. 이 패턴에는 음악적인 리듬감이 살아 있다.

피터르 몬드리안, 〈빨강 파랑 노랑의 콤포지션 2〉, 1930

그는 그래서 작곡을 뜻하는 콤포지션composition을 과감하게 작품 제
목으로 썼다. 사실 작곡 자체가 공간적이다. 악보를 보면 쉽게 알 수
있듯이, 오선지 위에 음표들의 좌표를 설정해 배열하는 작업이 곧
작곡이다. 〈빨강 파랑 노랑의 콤포지션 2〉Composition II in red blue and yellow
는 몬드리안의 1930년 작품이다.

　굵은 검은 선이 구도를 잡아주는 가운데 아래쪽 노랑과 파랑이 희

미하게 사라져가는 순간, 위쪽 붉은색이 크게 팽창한다. 그렇다고 노랑과 파랑이 소멸하지는 않는다. 화폭 밖 더 넓은 세상으로 나아간다. 검은 선이 가두지 않고 화폭 끝을 열어젖히고 있어서 그렇다. 무한으로 가는 원색들, 지금 크게 팽창한 색깔은 빨강이다. 색들의 배치가 리듬감을 준다.

리듬은 그림을 캔버스에 가두지 않고 자꾸 확장하여 화폭 밖으로 나가게 한다. 움직임의 역동성이 음향의 여운처럼 잔상으로 남는다. 그것은 원근법으로 시야를 넓혀 경광을 담는 그림과는 다른 차원으로 화폭을 연다. 그 몬드리안의 패턴에는 사선이 없다.

왜 몬드리안은 사선을 그리지 않았을까. 직사각형의 책상을 캔버스에 그리면 사선을 긋게 된다. 꼭 그림에서만 그런 건 아니다. 현실에서도 직사각형의 책상을 보면 사선으로 보인다. 입체이기 때문이다. 그러나 책상을 다시 잘 보면 어디에도 사선은 없다. 직선이다. 따라서 캔버스에서만 아니라 실제에서도 사선은 진짜를 감춘다. 사선은 착시 현상이고, 어떤 사물을 실제와 다르게 착각하게 만든다. 더 나아가 감각을 훼손하여 진짜가 아닌 환영을 만든다. 사선은 거짓을 창출하는 선이 된다.

몬드리안은 근본적인 것을 드러내기 위해 일시적인 것을 제거해야 했다. 그래야 현실의 진짜 비전을 찾을 수 있다. 그래서 몬드리안의 프레임으로 보면, 세상의 모든 것들이 잘 보이는 것이다. 다른 그림의 틀로 사용해도 그 그림이 산다. 몬드리안은 직접 가구를 디자인해 만들었다. 그것은 현상의 근본을 구현하는 형태를 만드는 일이었다.

1923년 여름, 몬드리안은 바우하우스의 초청을 받고 예술의 원리에 관하여 강연했다. 이 강연은 그가 1920년에서 1922년 사이에 예술과 조형의 관계에 관하여 쓴 다섯 편의 에세이를 근간으로 이뤄졌다. 이 글들은 책으로 묶여 1925년 바우하우스 총서 다섯 번째 도서로 발간된다. 이 책《새로운 조형》(1925)에서 몬드리안은 예술이 개개의 현상 속에서 작동하는 보편의 성질을 표현한다는 점을 분명히 한다.

예술은 우리의 미적 감각을 조형으로 표현한 것이지만 그렇다고 사사로운 주관적인 감정을 드러내는 일은 아니다. 예술이란 우리들 속에 숨은 보편적인 것을 직접 나타낸다. 예술작품에서 그 보편적인 것이 존재 밖으로 정확하게 나와야 한다.

책의 서두를 이렇게 시작한 몬드리안은 조형이 비단 회화나 조각에만 적용되는 예술 원리가 아니라 문학이나 음악과 같은 모든 예술 장르의 근간이라는 점을 강조했다. "모든 예술은 예외 없이 조형적이다." 조형은 형태를 창출한다는 뜻이다. 그 바우하우스의 기초 교육을 클레가 담당했다.

바우하우스가 처음 가르쳤던 것

바우하우스는 1919년 4월 독일 중부의 작은 도시 바이마르에 설립된다. 독일 건축가 발터 그로피우스Walter Gropius(1883~1969)가 초대 교장을 맡았다. 이때 독일은 제1차 세계대전(1914~1919)으로 폐허가 된 시기였다. 세계대전을 일으켜 패전한 독일제국은 무너졌고 바이마르공화국이 들어서면서 국립예술교육기관으로 바우하우스를 창립했다.

바우하우스는 전쟁으로 황폐해진 정신을 새롭게 일으켜 세울 방안을 예술의 본질에서 찾았다. 예술은 실제 생활에서 구현된다는 점을 상기한 것이다. 바우하우스 선언은 이러한 점을 명확히 표현해 살롱 예술로 잃어버린 예술의 건설 정신을 회복하겠다고 공표한다. 또한 미래의 새로운 구조를 창출하겠다고 선언했다. 바우하우스는 집haus을 짓다bau라는 뜻이다.

바우하우스는 본래부터 근원이 닿아 있는 예술과 기술의 통합을 추구한다. 산업혁명 이후 예술과 기술은 동질성을 의식하기 힘들 정도로 멀어졌다. 산업혁명으로 기계가 중심이 되어 대량생산이 이뤄졌지만 획일화된 대량생산체제로 기술의 창조성은 위축됐다.

바우하우스에서 학생들은 기초 예술 수업을 이수한 후 그것을 실제에 응용하는 기술 교육을 받았다. 예술적 상상력에서 도구와 예술작품이 산출됐던 점을 복구한 일이다. 또한 바우하우스는 각 예술 장르의 융합을 모든 교육과정의 바탕으로 삼았다. 순수와 전문성이라는 이름으로 경계를 만든 예술계의 폐쇄성을 극복했다.

기초 교육과정은 처음 6개월에서 점차 2개 학기로 확장된다. 기초 과정에서는 재료가 되는 자연의 잠재력을 확인하는 학습이 이뤄졌다. 새로운 패턴을 창출하기 위한 필수 과정이다.

특히 형태가 곧 기능이라는 점이 바우하우스에서 강조됐는데, 이는 형태가 기능을 담는 것을 넘어 새로운 작용을 창출한다는 뜻이다. 모든 형태는 기능을 보장할 뿐 아니라 성능을 높인다. 필요하기 때문에 아름답다는 자연의 본질로 돌아갔다. 바우하우스는 그래서 장식을 제한하면서 상상력을 극대화하는 길로 들어갔다. 앞서 말했듯이 장식은 그 현란함으로 상상력을 묶어버린다. 생명이란 불필요한 꾸밈을 제거하는 작용이다. 바우하우스에서 예술과 기술의 통합은 그렇게 실천됐다. 형식 곧 표현이 내용이 되는 예술의 원리를 따른 것이다.

바우하우스에서 클레는 자연을 이루는 기본 형태를 연구하여 가르쳤는데, 기성 모양을 찾는 것이 아니라 그 모양을 생겨나게 하는 패턴을 밝히는 수업을 진행했다. 그는 '자연은 그림에서 새롭게 태어난다'는 점을 강조한다. 바우하우스의 교사로 몬드리안을 상기시키는 〈막대 춤〉(1927)을 공연하기도 한 오스카 슐레머Oskar Schlemmer (1888~1943)는 클레의 작업을 이렇게 말했다. "클레는 작은 선 하나로 현대의 정신 모두를 설명해낼 수 있다."

1924년 클레는 예나미술관Jenaer kunstverein 전시회 개막식에서 예술이 창조 자체라는 점을 강연한다. 강연에서 그는 현재 눈에 보이는 세상이 유일한 세계가 아님을 설명했다. "완성된 자연의 형태들은 자연의 창조 과정의 궁극적 실재가 아니다. 예술가는 완성된 형태보다 형태를 만들어내는 힘에 더 큰 가치를 둔다. 완성품보다 창조 자체의 이미지에서 우리는 깊은 감명을 받을 수 있다." 거기에 덧붙여 그는 "예술은 가시적 현상에 영혼을 불어넣고, 숨겨진 시각을 가시화한다"고 말했다. 예술이 대상의 노예가 되어 모방하는 일이 아니라 패턴을 창조하는 조형 작업이라는 점을 분명히 했다.

안타깝게도 바우하우스는 정치적 이념에 휩쓸려 쇠퇴하기 시작한다. 사회주의 이데올로기에 물든 학생 단체가 바우하우스에 등장해 예술의 실천 교육의 성격을 바꿨다. 기초 예술 수업이 축소돼 바우하우스는 기능공 양성소처럼 변했다. 클레의 근본 교육은 기반이 아니라 보조 과정으로 전락한다. 바우하우스의 커리큘럼에서 실용적인 부문을 확대하다 보니 진짜 실용성이 축소되는 아이러니가 발생했다. 곧이어 바우하우스의 사회주의 경향을 제어하려고 극우 정권인 나치스가 개입한다. 바우하우스는 나치스의 비밀경찰 게슈타포의 감시를 받다 결국 1933년 4월 퇴폐적이라는 이유로 문을 닫았다. 바우하우스 폐쇄 과정에서 대립한 사회주의와 파시즘은 3년 뒤 1936년 스페인에서 충돌해 50만 명 이상이 사망한 끔찍한 내전을 일으켰다.

이데올로기를 앞세우는 세력은 세상을 이롭게 하겠다고 호기롭게 주장하지만 내부에 집단주의 성향을 깔고 다른 경향을 계급의 적으로 몰아 증오하다 파괴하고야 만다.

여기서 우리는 예술에 대한 두 가지 입장을 검토할 필요가 생겼다. 주장하는 예술과 풍요롭게 하는 예술. 이념 등 뭔가를 주장하는 프로파간다는 스스로 예술이라고 우겨도 창의적 상상력을 말살한다. 진짜 예술은 다양한 가능성을 열어 삶을 풍요롭게 한다.

클레는 바우하우스가 사회주의 이념에 물들던 1931년 학교를 떠

파울 클레, 〈관조〉, 1938

났다. 뒤셀도르프 미술학교에 짧게 머물렀지만 그는 파시스트의 충성 서약을 끝내 거부하고 1933년 12월 스위스 베른으로 돌아간다. 1937년 나치스 선전부장 괴벨스Paul Joseph Goebbels(1897~1945)는 클레의 작품 102점을 몰수하고 그 가운데 17점을 퇴폐예술 전시회에 내걸었다.

베른에서 클레는 건강이 악화됐지만 세상을 떠나기 전까지 작업에 몰두했다. 그때 만든 작품 가운데 〈관조〉(1938)가 있다.

클레, 선 하나로 창조한 세계

화폭의 왼쪽 위 노란색 원이 일부 보인다. 노랑은 밝으면서 열기도 품고 있다. 노란 원 안에는 검은 점들이 점점이 박혀 있다. 태양 표면에는 주변보다 온도가 낮으며 강한 자기 활동을 하는 부분이 있다. 그곳은 상대적으로 어둡게 보여 흑점이라고 한다. 일부만 보이는 노란색 원은 태양을 연상시킨다. 나머지 화면에 황토색 지구가 펼쳐져 있다.

지표면을 연상시키는 울퉁불퉁한 바닥에는 언덕이 있고 산이 있으며 넓은 들판도 있다. 그 위에서 어떤 사람은 서 있고 누구는 텔레비전을 이고 걷는다. 인간이 만든 도구가 움직인다.

언뜻 보면 아래에만 있는 듯한 지표면은 화폭의 외곽 전체를 싸고 돈다. 화면 전체가 지상이다. 지상에는 여러 선들이 율동하고 있는데 어떻게 보면 사람이고 달리 보면 동물과 식물을 떠올리게 한다. 인류가 세운 탑과 각종 조형물들이 전체 화폭에 좌표를 찍고 있기도 하다. 그 선들이 꿈틀거리며 이번에는 인류가 구획한 시간의 절기를 리듬감 넘치게 보여준다. 예리하게 꺾였거나 부드럽게 굽은 선들이 때로는 직선과 어울려 알파벳 글자로 보인다. 그 가운데 눈동자들이 보여서, 문자나 기호가 실재하는 사물에서 추출한 조형이라는 점을 알려준다. 어느 선도 단 하나의 모습으로 보이지 않고 여러 형상을 겹쳐 상상하게 만든다.

〈관조〉가 주는 가장 큰 감동은 지상이 태양과 소통하여 조화를 이룬다는 점에서 온다. 지구는 천체의 하나로서 해와 함께 우주를 이룬다. 그림의 모든 선들을 처음 눈에 띈 왼쪽 위 노란색의 열기가 부드럽게 감싸고 돌기 때문이다.

고요한 마음으로 사물이나 현상을 보며 그 본질을 추출하는 관조.

여기저기 사람의 눈동자를 상기시키는 형상들이 제목이 왜 관조인지 말해준다. 관조는 곧 사유다. 이 그림은 놀라울 정도로 동굴벽화를 닮았다.

초기 인간은 컴컴한 동굴로 피신해 주거의 안정을 꾀했다. 넓은 들판에서 다른 동물들처럼 사는 일은 무척이나 위험했다. 어떤 동물같이 굴을 멋지게 파지도 못하니 자연이 형성한 동굴이 가장 안전한 주거지였다. 사람들은 아무런 빛도 들어오지 않는 동굴 안 깊숙이 들어가 그곳의 벽에 그림을 그리고 자국을 남겼다. 어두컴컴한 곳이니 과시하여 보여주기 위한 작업이라고 할 수 없다. 알타미라Altamira 동굴벽화는 입구에서 270미터 속으로 들어가야 만날 수 있고, 14킬로미터에 달하는 니오Niaux동굴의 암각화들은 800미터 안에 있다.

오늘날 엄청난 수로 발견되는 암각화에서 당시 예술 행위가 일상의 커다란 부분을 차지했다는 점을 알 수 있다. 생존을 위해 사냥하고 채집해야 하는 삶 가운데 그들은 시간과 노력을 들여 돌 위에 선을 긋고 형태를 그렸다. 넉넉해진 다음에 예술 작업을 한 것이 아니다. 당장 쓸모를 따지면 그런 예술 행위는 낭비고 무의미겠지만, 눈앞의 일에 급급하다고 생존을 보장하지 못한다는 것을 그들은 잘 알고 있었다.

그들은 이해할 수 없는 일이 닥치면 그것을 회피하지 않고 적극적으로 파악하려고 했다. 알고 있는 것에 한정되지 않고 지금의 한계에 묶이지 않는 유일한 길은 상상력뿐이다. 그들은 상상력을 펼쳤다.

클레는 〈관조〉에서 보이지 않는 것을 볼 수 있게 만드는 예술이 무엇인지 표현했다. 예술은 단순히 있는데 보이지 않았던 세상을 보여주는 것이 아니라, 없었던 세계를 가시와 가청의 영역으로 탄생하게 한다.

텅 빈 벽에 그림 한 장을 걸면 공허를 뚫고 새로운 분위기가 생긴다. 예술은 그 자체가 창조이면서 다른 창조를 가능케 하는 상상력을 준다. 인류는 상상력을 발휘해 문명을 만들었다.

볼 때보다 그릴 때 더 잘 보이는 것

작가가 손으로 쓴 초고에서 흥미로운 점을 발견하곤 한다. 넓은 종이에 글의 초안이 쓰여 있고 그 옆으로 그림들이 그려져 있다. 이를테면 지금도 잘 보관돼 있는 도스토옙스키의 육필 초고를 보면 글과 함께 그림들을 볼 수 있다. 작가가 글로 쓰려는 내용을 먼저 그려서 이미지를 만들고 그것으로 글을 썼다는 것을 알 수 있다.

이처럼 우리도 뭔가를 그려보면 그냥 볼 때 모르던 면들이 상세하게 보인다. 아무리 잘 알고 있다고 생각하는 사랑하는 사람이나 좋아하는 물건이라도 그렇다.

관심을 가지고 있는 대상을 직접 보며 자세히 그려보자. 사랑하는 사람이어도 좋고 소중히 간직하는 물건이어도 좋다. 또는 하고 있는 일도 좋겠다. 그리다 보면 점차 놀라운 일이 생긴다.

그저 보고만 있을 때보다 그렸을 때 그 대상을 더 잘 알게 된다. 막연하게 생각한 것과 다른 모습들이 보이고, 또 미처 몰랐던 점을 새롭게 발견하는 경험을 하게 된다. 이미 관심이 있어서 상당히 잘 알고 있다고 생각했기 때문에 이러한 체험은 경이롭다.

그리면서 그 대상과 더 친밀하게 된다. 애정이 깊어지면서 더 많은 의미를 생산해낸다.

혹시 하찮게 여겼던 것을 대상으로 삼았다면, 점차 그 시시했던 점들이 사라지고 의미가 생겨난다. 그러다가 큰 가치로 다가온다. 이 순간은 다른 세상을 만나는 일이다. 세상이 넓어지는 일이다.

그러다가 차츰 대상을 핵심만 담으며 단순하게 그려본다. 막연히 봤을 때의 모습과는 달라지면서 일종의 변형이 생기는 것인데, 이 변형은 의미가 생산되는 과정이다. 현대 미술이 그랬듯이, 나중에는 어쩌면 도형이나 선 하나로 표현이 가능하다.

대상의 외형을 뚫고 들어가 그 외형을 만드는 내면을 그리게 된다. 대상의 본질을 그림에 담게 되는 것이다.

그다음에는 그것이 왜 나를 끌었는지, 그 매력이 무엇이었는지 알게 된다. 그러니 나를 끈 대상을 통해서 그것에 끌린 내 마음을 들여다보게 된다.

4장

새로운 생각이 탄생하는 순간

미래파가 꿈꾼 유토피아

포르투나토 데페로, 〈플라스틱 춤〉, 1918

무대 위에서 로봇 군단이 행진을 한다. 하나둘 하나둘 구호에 보폭을 맞추고 두 팔을 힘차게 흔들며 일사불란하게 중앙을 가로지른다. 노란 챙이 달린 빨간 모자를 쓰고 붉은 물방울무늬 옷을 입은 어릿광대 로봇이 군단의 행진 소리에 흥이 나서 유쾌한 몸짓으로 따라간다. 그 뒤를 붉은 볏이 유난히 아름다운 닭이 따른다. 씩씩하게 걷는 인조인간들 앞으로 화려한 인조 꽃이 만개한 인공 정원이 있다. 행진하는 도로 아래에는 생쥐 세 마리가 같은 간격으로 가지런히 내려간다. 조명을 받은 생쥐 그림자가 벽면에 크게 비친다.

우리의 시선은 왼쪽에서 오른쪽으로 진행하는데, 왼쪽을 향해 걷는 로봇 군단의 행진은 자연스러운 눈길의 방향을 거슬러 더 역동적으로 느껴진다.

무대에는 수직의 움직임도 있다. 행진하는 로봇 군단이 무대를 위아래로 나눠 원근의 느낌을 주며 네 단계로 상승한다.

맨 아래에는 커다란 태엽이 도는 오르골이 음악을 연주하고 있다. 그 옆에서 원뿔 다리가 곧게 뻗은 마네킹들이 춤을 춘다. 큰 무희는 고층 건물을 연상시키는 직사각형 웃옷을 입었고 작은 무희는 원통을 둘렀다. 춤추는 두 마네킹의 외뿔 다리에서 하얀 천이 펄럭인다. 축제가 한창이다. 옆 오른쪽 계단으로 콧수염을 달고 중절모자를 쓴 코트 입은 인사들이 줄지어 내려온다.

행진하는 군단 바로 위로는 푸른 초원이다. 초원에 건설된 관람석에서 파랗고 빨간 마네킹들이 나란히 서서 행진을 사열하고 있다. 그 위로 마지막 단계는 멀리 어둡지만, 태양이 별처럼 빛난다. 해가 중첩되어 세 개로 보인다.

포르투나토 데페로Fortunato Depero(1892~1960)는 〈플라스틱 춤〉(1918)에서 인조 해, 인공 공원, 인조인간 등 인공물이 등장하는 무대를 만들었다. 로봇과 마네킹들이 극장 무대에서 역동적으로 움직인다. 사각형, 삼각형, 그리고 율동하는 선들. 원색과 파스텔 컬러가 뒤섞인 무대가 부드럽고 활기차다.

우리가 연극을 볼 때 무대에 해가 나오면 그 해는 무대장치로 만들어진 태양이다. 배우가 분장을 하고 무대에 오르면 실제의 인물이 아니라 연극의 배역을 맡은 가상의 인물이다. 극장의 무대는 원래 인조물들의 세계다. 우리의 생활공간도 연극 무대와 같다. 세탁기가 돌아가고 에어컨이 작동하며 청소로봇이 바닥을 닦는 각종 기구들로 편리하고 화려하게 꾸며져 있다.

행진하는 군단 뒤로 그림 오른쪽에 기울어 솟은 파란 건물은 고층 건축물로 보이기도 하고 연필처럼 보이기도 한다.

데페로는 뒤늦게 참여한 미래파futurism의 예술관에 심취해 연극,

회화, 조각, 디자인 등 여러 영역에서 활동한 전방위 작가였다.

몽마르트르의 예술가들

20세기 초 파리는 세계 각국의 예술가들이 모여든 곳이다. 자유롭고 분방한 도시 분위기에, 북쪽의 몽마르트르와 남쪽의 몽파르나스에서는 저렴한 비용으로 숙소를 구할 수 있었다.

특히 몽마르트르에 인상주의 화가 모네와 에드가 드가Edgar Degas (1834~1917), 쇠라, 세잔이 모였고, 피카소와 몬드리안, 조르주 브라크 Georges Braque(1882~1963), 아메데오 모딜리아니Amedeo Modigliani(1884~1920), 마르크 샤갈, 마르셀 뒤샹, 살바도르 달리Salvador Dalí(1904~1989)는 한때 이 지역에 집을 얻어 지내거나 아예 정착해 그림을 그렸다. 작곡가 엑토르 베를리오즈Hector Berlioz(1803~1869), 에리크 사티Erik Satie(1866~1925), 시인이자 작가 하인리히 하이네Heinrich Heine(1797~1856), 제라드 드 네르발Gérard de Nerval(1808~1855), 마르셀 프루스트, 거트루드 스타인Gertrude Stein(1874~1946), 안나 아흐마토바Anna Akhmatova(1889~1966)도 이곳을 즐겨 찾았다. 현대 발레의 길을 연 세르게이 댜길레프Sergei Pavlovich Dyagilev (1872~1929)는 발레 뤼스Ballets Russes를 파리에서 1909년에 창단했다.

다양한 국적의 예술가들이 파리에 모여 서로 다른 양식을 실험하고 또 새로운 표현법을 생산했다. 그들을 에콜드파리ecole de Paris라고 불렀다.

여러 화가와 작곡가, 문인 들이 북적거리는 몽마르트르의 피갈Pigalle 광장에는 이탈리아 출신의 지노 세베리니Gino Severini(1883~1966)도 있었다. 역동성을 추구하는 미래파를 이끈 세베리니는 활기 넘치는 도시의 모습에 매료되었다.

피갈광장은 클럽과 카페로도 유명한 지역이다. 지금도 운영하는 붉은 풍차라는 뜻의 물랭루주Moulin Rouge가 이곳 피갈광장 옆에 1889년

지노 세베리니, 〈피갈광장의 댄서〉, 1912

문을 열었다. 클럽에서 밤마다 무희들이 캉캉 춤을 췄다. 긴 치마를 입고 빠른 템포에 맞춰 다리를 번쩍번쩍 들어 올리는 춤은 무척 경쾌했다. 세베리니는 그 활기찬 움직임을 〈피갈광장의 댄서〉(1912)에 그렸다.

춤추는 여인의 롱스커트 치맛자락이 발랄하게 펄럭인다. 갈색 스타킹을 신은 다리가 살짝살짝 드러나며 클럽 바닥을 가볍게 두드린다. 무희는 굽 높은 힐을 신고 춤을 춘다. 뒷굽이 리듬을 타며 바닥에 닿는 소리가 따각따각 들리는 듯하다. 출렁거리는 긴 목걸이 사이로 파란색 블라우스가 얼핏 보인다. 검정 머리카락이 하늘거리는 여인을 향해 4개의 천장조명이 빛을 쏘고 있다.

그림에는 시간이 중첩되어 움직임이 그려졌다. 다른 시점의 상들이 같은 화면에 겹쳐 형상은 해체되고 춤이 표현됐다.

미래파 예술가들은 어디서나 움직임을 찬양했다. 분주한 몽마르트르에서 미래주의자 세베르니는 꿈틀거리는 동력을 무희의 춤에서도 보았다.

전통에 불을 지르다

미래파는 1909년 이탈리아에서 일어난 아방가르드avant-garde의 하나다. 미래파는 현실의 문제를 직시하며 극복을 이야기하는 예술의 정신을 첨예화했다. 그들이 내세운 이념 미래주의는 성급하게 현재를 미래로 이끌고 가려는 진보 운동이기도 했다. 선봉에 선 부대를 가리키는 군대 용어에서 차용한 아방가르드, 미래파는 예술 표현의 근본적인 혁신을 추구하던 20세기 초 여러 아방가르드의 맨 앞에 섰다.

미래파는 미래로 가기 위해 현재를 속박하는 과거를 과감하게 떨쳐내야 한다고 주장한다.

손이 검게 그을린 유쾌한 방화자들이여, 어서 오라! 이곳으로! 도서관에 불을 질러라! 운하의 물길을 돌려 박물관을 잠기게 하라! 아, 옛 영화를 누렸던 캔버스가 물 위에 둥둥 떠다니는 모습을 보는 기쁨! 도끼를 들어라, 그대여 도끼와 망치를 들어 부숴라, 예스러운 멋을 내는 도시를 무자비하게 부숴라!

1909년 2월 20일 토요일 이탈리아 시인 필리포 마리네티Filippo Tommaso Marinetti(1876~1944)는 파리에서 발간되는 일간지 〈피가로〉에 〈미래주의 선언문〉(1909)을 발표한다. 선언문에서 그는 모든 전통을 불태우고 부숴야 한다고 외친다. 문학에서 시작한 미래파는 기존 문법마저 파괴해 소리와 철자만 남은 자움zaum 즉 초이성어를 사용하기까지 했다. 시인의 선언은 즉각 화가와 조각가의 호응을 받았다. 1910년 세베리니는 움베르토 보초니Umberto Boccioni(1882~1916), 자코모 발라Giacomo Balla(1871~1958), 카를로 카라Carlo Carra(1881~1966), 루이지 루솔로Luigi Russolo(1885~1947) 4인의 또래 예술가들과 함께 미래주의 선언을 회화에서 실천하겠다고 화답했다. 뒤이어 음악, 건축, 무용, 영화 등에서 미래주의를 구현하겠다는 예술가들의 선언이 잇달아 발표됐다. 미래주의는 예술은 이러해야 한다는 강령이 양식보다 앞선 예술 사조였다. 그들은 강령을 실천하기 위해 호전적인 태도를 취했다.

미래파가 예술과 문화의 전통이 깊은 이탈리아에서 나왔다는 점은 꽤나 특별해 보인다.

> 우리는 과학의 진보가 승리해 인간성의 심오한 변화를 낳았음을 널리 알린다. 미래의 위업을 확신하는 우리 자유로운 현대인은 과거의 전통에 유순하게 길들여진 노예들과는 확실히 다르다. 현대의 눈으로 보면 이탈리아는 하얗게 바랜 묘지의 땅 폼페이, 시체들의 땅. 이탈리아는 다시 태어날 것이다. 전통 미학이 지배하던 곳에서 새로운 예술적 영감이 날아올라 유쾌하게 세상을 흔들고 있다.

미래파가 과거를 과격하게 깨뜨리려는 까닭은 역사가 없어서가 아니라 지난날이 화려해서다. 이탈리아는 로마제국의 중심지였고 르네상스가 일어난 곳이다. 골목마저 박물관 같은 전통의 나라라서 미래파는 그 빛나는 역사를 파괴하겠다는 것이다.

20세기 초 이탈리아는 경제성장이 더뎌 풍요를 누리지 못했다. 인근 유럽 국가들이 산업혁명 이후 경제 발전을 가속화하던 시절이었다. 과거에 취해 있지 말고 미래로 나가라는 예술운동이 이탈리아에서 나왔다. 이탈리아의 후진성에 분노한 예술가들이 예술로 현실의 진보 운동을 펼친 것이다. 미래주의는 삶과 예술의 일치 운동이었다.

산업혁명으로 인류가 사는 속도가 변했다. 과거 수일 걸렸던 거리

자코모 발라, 〈목줄을 한 개의 역동성〉, 1912

를 몇 시간 만에 지날 수 있게 됐고, 지난날 며칠 동안 했던 일을 이제 몇 분 만에 마칠 수 있다. 그것을 이룬 것은 테크놀로지였다.

미래주의는 아름다움의 기준을 속도에 두었다. 소박하고 느긋한 전원생활을 무시하고 도시의 약동감을 새로운 미美로 삼았다. 움직이는 모든 것에 미래파가 환호한다. 심지어 발라는 강아지의 걸음걸이도 높게 사는 그림을 그렸다. 그것은 곧 변화를 기리는 일이었다.

미래파는 예술의 건설 정신을 기계문명에 기댄다. 사실 기계란 얼마나 오묘한가. 인간의 능력과 가능성이 구체적으로 구현된 것이 기계다.

이탈리아의 미래파는 예술과 기술을 결합한다는 점에서 같은 시대 독일에서 일어난 바우하우스와 비슷한 면을 보인다. 그러나 바우하우스가 예술의 상상력을 바탕으로 기술을 생산하고 새 가치를 창조했던 점과 달리, 미래파는 기존의 것을 파괴하는 기계문명을 높이 사며 기계 자체를 예술로 전환하고자 했다. 미래파는 기계의 소음도 음악으로 취급했다.

소음도 음악이 될까

기계가 에너지원이 되기 전, 세상은 고요했다. 밤이면 풀벌레 우는 소리가 또렷이 들렸고, 봄이면 잠에서 깨어난 청개구리 울음소리가 여기저기서 울렸다. 가만히 있으면 시냇물 흐르는 소리도 들렸고 여름에는 빗소리가 크게 났다. 시끄러울 때는 기껏해야 마차가 거리를 지나거나 술 취한 사람들이 고함을 지르는 순간이었다. 여럿이 모인 곳이나 떠들썩했다.

그 소리를 육중한 기계가 삐걱거리며 덮었다. 귀를 기울이지 않으면 자연의 소리는 기계 소음에 묻혀 들리지 않았다. 도시는 점점 더 시끄러워졌고, 소음은 사람들의 감수성을 건드렸다. 미래파는 기계 소음을 문명의 소리라고 높게 평가하며 세상을 바꿀 예술적 충동으로 삼았다.

루솔로는 1913년 '소음 예술'을 선언하고 기계 소리들을 모아 음악을 만들었다. 그는 밀라노에 작업실을 차리고 자동차, 증기기관차, 공장의 소리 등을 합쳐 소음 예술을 창조한다. 미래파는 인류가 기계음에서 새로운 영감을 얻기를 바랐다. 그들은 소음이 베토벤의 교향곡보다 아름답다고 환호하며, 악기의 음은 현실과 무관한 상투적인 소리라고 무시했다. 그즈음 발명된 녹음 기계가 있어 가능한 작업이었다.

소음은 청각과 시각을 동시에 자극한다. 보초니는 〈거리가 집으로 들어오다〉(1911)에서 요란한 색채로 날카로운 소음을 보도록 만들었다. 발라의 〈추상적 속도+사운드〉(1913~1914)는 현란한 빛깔로 속도를 그렸고 소리를 냈다. 이들 작품은 산만한 선들과 색깔로 공감각synesthesia을 불러일으킨다. 변화무쌍한 시대를 대담하게 표현한 이 작업은 감각을 새롭게 살리려는 방식이었다.

1914년 루솔로는 녹음한 기계음을 런던의 연주회장에서 틀며 소음 음악 공연을 열었다. 문명의 소리를 듣기 바란 작가의 의도와 달리 관객은 소음을 소리의 쓰레기로 여기며 고통스러워했다. 그런데 소음 음악은 현대 음악에 변화를 낳는다.

이후 기계가 내는 소리뿐 아니라 새소리 등 자연의 음향을 녹음해 곡을 만드는 구체음악concrete music을 피에르 셰페르Pierre Schaeffer(1910~1995), 하림 엘 답Halim El Dabh(1921~2017) 등이 작업했고, 오토 루닝Otto Luening(1900~1996)과 카를하인츠 슈토크하우젠Karlheinz Stockhausen(1928~2007)은 악기가 낼 수 없는 울림을 각종 전자기기로 만들어 전자음악electronic music을 내놓았다.

그 가운데 존 케이지John Milton Cage(1912~1992)의 작업이 유별났다. 케이지는 모든 소리를 음악에 들여오는 우연성음악chance music을 연주한다.

그의 대표작 〈4분 33초〉는 1952년 8월 29일 뉴욕 북부 우드스톡의 매버릭Maverick 콘서트홀에서 초연됐다. 나무판자로 지은 숲속의 콘서트홀에서 젊은 피아니스트 데이비드 튜더David Tudor(1926~1996)가 무대로 나와 피아노 위에 시계를 올려놓고 앉았다. 곧이어 피아니스트는 피아노 뚜껑을 덮으며 연주를 시작한다. 33초 후 1악장을 마치고 피아노 뚜껑을 열었다가 다시 닫고 2악장을 연주한다. 2분 40초 뒤 다시 피아노 뚜껑을 열었다가 닫고 1분 20초 동안 마지막 3악장을 들려준다. 그런 후 피아니스트는 피아노 뚜껑을 열면서 연주를 마쳤다.

3장으로 이뤄진 악보에는 I TACET, II TACET, III TACET라고 쓰여 있고, 각 장은 33초, 2분 40초, 1분 20초씩 연주하도록 돼 있다. Tacet는 라틴어로 침묵하라는 뜻이다. 이때 피아노는 전혀 울리지 않지만, 그 때문에 주변의 소리가 더 크게 들렸다.

소음을 음악으로 들여온 연주다. 숲속 콘서트홀에서 진행된 초연 때 관객은 옆 사람의 숨소리, 황당해서 나오는 웅성거림, 풀벌레 울음소리, 바람 소리를 들었다. 이후 이 작품은 수차례 공연되었고 또 여러 번 녹음되기도 했다. 1972년에는 케이지가 보스턴의 하버드광장에서 직접 연주하기도 했다. 지금도 여전히 연주 목록에 올라 세계 각지에서 공연되고 있는 이 작품은 매번 다른 소리를 담게 되어 우연성음악이라고 불린다. 케이지는 "우리가 하는 모든 것이 음악이다"라고 말하면서 각종 소리를 음악으로 여겼다. 기계 소음뿐 아니라 사람들이 일상에서 내는 여러 소리들, 옷 입는 소리, 바스락거리

존 케이지, 〈4분 33초〉 악보

1972년의 공연

는 소리 들을 음악 작품으로 삼았다.

현대의 작곡가들은 소음 음악에서 착안해 새로운 사운드의 가능성을 실험하며 음악의 영역을 넓히려는 시도를 지금도 하고 있다. 그렇게 미래파의 소음 음악은 플랑드르에서 정립되기 시작한 음악 양식을 근본적으로 파괴했다.

깨뜨리려는 고전의 기원

플랑드르는 네덜란드 서쪽에서 벨기에 서부를 지나 프랑스 북부에 걸쳐 있는 지역이다. 이 지방은 앞서 살폈듯이 유화의 탄생지이며, 15세기에 미술과 음악의 중심지였다.

20세기 초 파리 몽마르트르에 예술가들이 모였듯이, 15세기의 예술가들은 플랑드르 지방으로 몰려들었다. 이때 플랑드르에는 부르고뉴공국이 있었다. 부르고뉴공국은 유럽 북부에서 탄탄한 세력을 행사하며 여러 예술가들을 후원했다. 교회 제단화를 그릴 화가들을 지원했고, 음악가들이 생활 걱정을 하지 않고 교회 의식과 궁정 연회를 꾸밀 악곡을 작곡할 수 있도록 도왔다.

유럽 각지의 음악가들이 부르고뉴공국을 찾아왔다. 각 지역의 특징을 담은 음악이 플랑드르에서 만나 부르고뉴악파Burgundian school를 형성했다.

이 시기 플랑드르에 유화 창시자 에이크가 있었고 작곡가로는 기욤 뒤페Guillaume Dufay(1397~1474)가 활동했다. 뒤페는 유럽 각지의 음악을 융합한 당대 최고의 작곡가로 꼽힌다.

뒤페는 지금의 벨기에 브뤼셀 근교에서 태어났다. 그곳에서 가까운 프랑스 북부 캉브레 대성당 학교에 입학해 음악과 문법을 배우고 소년 성가대원으로 활동했다. 주교가 그의 음악적 재능을 눈여겨보고 후원해 그는 유럽 곳곳을 다니면서 다양한 음악을 접한다. 플랑드르에 들어온 여러 지역의 음악을 이미 만나 기초를 다진 뒤페는 유럽 각지로 직접 나가 음악의 많은 양식들을 빠르게 흡수했다. 그는 볼로냐에서 사제품을 받고 로마와 피렌체의 교황청 예배당에서 봉직하기도 했다. 사부아에서는 궁정 예배당 음악감독을 지냈다. 말년에는 다시 부르고뉴공국이 있는 플랑드르로 돌아와 캉브레 대성당의 악장을 맡고 작곡에 전념한다.

뒤페가 쓴 미사곡은 당시로서는 세속적이고 감각적이었다. 그가 교회음악에 다성악을 본격적으로 도입했던 것이다. 그의 〈성모 찬송 미사곡〉(1472)은 성악곡으로 처음에는 하나의 선율로 진행하다가 곧 여러 음으로 나뉘어 화음을 이루고 또 다른 멜로디를 타면서 다성음악의 양상을 띤다.

지금은 이 곡이 대단히 경건하게 들리나 당대 사람들에게 세속적으로 느껴졌다니, 중세의 사람들이 어떤 분위기에서 살았는지 짐작할 수 있다. 또 현재 당연하게 여기는 생활이 당시의 관점으로 보면 얼마나 현란한지 생각해볼 수도 있다. 음악은 시대의 모습이 어떤지 알려준다. 회화에서도 그랬듯이 음악 역시 패턴을 담고 있다.

플랑드르의 뒤페 이후 우리가 클래식classic이라고 부르는 음악 세계가 열린다.

클래식의 시대

클래식은 18세기부터 20세기 초반까지 작곡된 음악을 말한다. 이 시기는 안토니오 루치오 비발디Antonio Lucio Vivaldi(1678~1741)와 요한 제바스티안 바흐에서 시작해 구스타프 말러Gustav Mahler(1860~1911)로 완성된다.

클래식은 고전음악이라고 번역되지만, 과거의 옛 음악이라는 뜻은 아니다. 여러 척의 군함을 가진 사람을 가리키는 고대 로마의 단어 클라시쿠스classicus에서 유래한 클래식은 위기에 대처할 수 있는 여분의 힘을 뜻하다가 중세 초 정신에 큰 힘을 준다는 의미로 정착됐고 그런 뉘앙스를 가지고 지금은 고전음악을 말한다.

클래식 전후로 음악사를 나눌 수 있다. 고대와 중세의 음악은 클래식 이전, 현대 음악은 클래식 이후의 음악을 말하며 각각 시대의 성격을 담고 있다.

고대에는 주로 행사에 맞춘 음악이 연주됐다. 종교의식이 열리는 곳에서 의례에 따라 북을 두드리고 노래를 불렀다. 결혼식이나 장례식을 치르는 곡을 연주했다. 또는 농사를 짓거나 사냥을 하면서 고된 노동을 잊고 동료 의식을 고취하기 위해 리듬감을 살린 노동요를 함께 부르기도 했다. 그 곡조는 악보로 기록되지 않고 구전되었다.

그럼에도 음악의 근본 속성에 관한 사유가 고대에 나왔다. 음악이 본래 가지고 있는 특성이 행사를 치르는 곡조에도 담기기 때문이다. 특히 기원전 6세기에 영혼이 육체의 한계를 벗어나야 구원을 얻을 수 있다는 오르페우스교의 교주였던 피타고라스Pythagoras(B.C.580?~B.C.500?)는 음악을 우주의 원리에 맞닿는 예술 행위로 파악했다. 천체의 운행을 관찰하여 우주를 코스모스 즉 조화로 파악한 그는 그 근간이 수라고 봤는데, 음악이 수의 비례를 따랐기 때문이다. 이어 플라톤Platon(B.C.428?~B.C.347?)도 《국가》에서 영혼의 수련을 위해 음악 교육이 꼭 필요하다고 주장하면서 음악을 통해 천상의 원리를 만날 수 있다고 썼다. 음악의 본질이 천문학 분야에서 이해된 것이다. 제례나 노동에 쓰인 곡조라 해도 음악을 접하는 순간 사람들은 현재 있는 그곳에서 조화의 기운을 체험한다.

고대 말기 철학자 아니키우스 보에티우스Anicius Boëthius(480-524)는 《음악의 원리》를 집필했다. 기록을 남기지 않은 피타고라스의 음악론도 《음악의 원리》에 담겨 음악과 수의 비례, 음악과 천상의 관계 등을 알렸다. 보에티우스의 저작은 이후 천 년 동안 음악 교과서로 쓰이며 음악 수업이 작곡을 배우는 일에 그치지 않고 세상이 어떻게 이루어지는가를 알게 해준다는 통찰을 전했다.

중세에는 음악이 현상계를 운용하는 큰 질서를 감각하게 해주는 예술로 인식됐다. 교회 전례에 무반주 단선율의 그레고리오성가 Gregorian chant를 사용했다. 불경의 낭송도 이와 같은 역할을 한다.

단선율에 차츰 다른 가락이 붙기 시작하면서 악곡에 변화가 생겼다. 이 음악을 오르가눔organum이라고 하며, 13세기경에는 저음의 장엄한 그레고리오성가에 두세 개의 다른 성부가 대화하듯이 붙은 모테토motetto가 나왔다. 십자군이 실패하고 흑사병이 돌면서 교회 권위가 추락해 민간에서 부르는 다채로운 멜로디가 성가에 들어온 것이다.

이 변화를 플랑드르의 부르고뉴악파가 체계화했다. 이를 기초로 18세기 초 바로크음악이 나와 클래식의 시대를 연다. 여기에는 기보법이 정착된 점도 기여했다.

음의 높낮이, 길이 등 곡조를 표기하기에는 선을 이용하는 것이 좋다. 여러 개의 선을 그으면 음의 높낮이를 동시에 볼 수 있고, 음들이 다음 음과 어떻게 연결되는지 잘 알 수 있다. 그 선이 4개였다가 6개로, 그리고 마침내 5개로 굳어져 17세기 이후 지금과 같은 오선의 보표를 사용했다.

클래식의 시대가 시작됐다는 말은 특정한 행사를 치르기 위한 음악이 아니라 음악 자체를 위한 악곡을 작곡했다는 뜻이기도 한다. 음악 세계 자체를 즐기는 연주회도 열렸다. 음악으로 이야기를 즐기는 오페라도 이때 나왔다. 오페라는 독창과 합창의 성악곡, 서곡과 간주곡의 기악곡 등 여러 형식의 곡들로 구성돼 독립된 무대에서 공연됐다.

안토니오 비발디, 〈화성의 영감〉 6악장 by Roman Reiner

비발디는 다성음악의 가능성이 무궁무진하다는 점을 작품으로 표현했는데, 특히 그의 연작 〈화성의 영감〉L'estro Armonico, Op.3(1711)은 3개 내지 4개의 악장으로 구성된 12개의 협주곡으로, 라장조, 사단조 등 12개의 장조와 단조를 다양하게 사용하면서 무한한 악곡의 잠재력을 알렸다. 같은 시대 바흐는 다성악을 만드는 대위법counterpoint을 완성 단계로 끌어올려 풍부한 음악 표현을 가능케 했다. 바로크 음악은 조화를 바탕으로 환희, 고통, 슬픔과 같은 정서를 격정적으로 표현했다. 영국의 작곡가 게오르크 프리드리히 헨델의 오라토리오 〈메시아〉(1741)는 지금도 청중을 벌떡 일어서게 할 만큼 듣는 이를 전율케 한다.

이후 106개의 교향곡을 쓴 요제프 하이든Joseph Haydn(1732~1809)을 비롯하여 각 악곡 형식마다 최고 수준에 도달해 천재라 불리는 볼프강 아마데우스 모차르트Wolfgang Amadeus Mozart(1756~1791)가 절제된 균형으로 클래식을 한층 더 성숙하게 만들었다. 고전주의 음악 시대라 불리는 이 시기 후반 등장한 베토벤은 정교한 곡조로도 강렬한 개성을 분출시켜 작곡가의 특성과 기교가 넘치는 낭만주의 음악을 열었다. 이름만 들어도 설레는 멘델스존Felix Mendelssohn-Bartholdy(1809~1847), 슈베르트, 쇼팽Frédéric François Chopin(1810~1849), 슈만Robert Alexander Schumann(1810~1856), 브람스Johannes Brahms(1833~1897), 차이콥스키Pyotr Il'ich chaikovskii(1840~1893), 라흐마니노프Sergei Vasil'evich Rakhmaninov(1873~1943) 등등 많은 작곡가들이 위대한 유산을 남겼다.

연주회장에서 청중은 복잡한 세상사에서 벗어나 해방감을 맛보고 마음을 씻는 감동을 느꼈다. 현실의 즉물적 세계를 넘어서는 음악의 본래 특성이 제공하는 위로였다.

기계문명이 도래하면서 차차 클래식의 시대가 저문다. 구스타프 말러는 인간 구원을 갈망하며 원래 사제가 되려고 했다. 그는 베토벤의 합창 교향곡을 듣고 큰 감명을 받은 뒤 늘 질문하던 인간 구원을 작곡으로 실현하겠다고 마음을 바꿨다. 과학과 실증의 시대였지만 말러는 도약하는 음악 본질을 주목했던 것이다. 그리고 그는 아홉 곡의 교향곡을 썼다.

말러의 마지막 9번 교향곡의 마지막 4악장 아다지오의 끝부분, 바이올린 소리가 점점 작아지다가 희미하게 사라지며 교향곡이 끝난다. 이 곡에서 우리는 마치 클래식의 시대가 저무는 인상을 받는다.

아르놀트 쇤베르크Arnold Schönberg(1874~1951)는 말러보다 14년 연하의 작곡가다. 말러는 1907년 빈에서 열린 쇤베르크의 〈실내 교향곡 1번〉 Chamber Symphony no.1, op.9 초연에 다녀온 후 이렇게 말했다고 한다. "쇤베르크의 음악을 모르겠다. 내 영감이 그의 음악을 따라가지 못하는 것 같다." 조성을 파괴한 음악이 나온 것이다.

♪ 아르놀트 쇤베르크, 〈실내 교향곡 1번〉 by Heinz Holliger

산업혁명 이후 대량생산 덕에 사람들은 물질의 풍요를 누렸지만 불안했다. 각종 이데올로기가 나와 좋은 세상을 만들겠다고 외쳤지만 증오와 대립은 더 커졌다. 세계대전이 연달아 두 번이나 터졌다. 인간을 마구 죽인 홀로코스트도 벌어졌다. 이런 시대에 작곡가들은 더 이상 화음을 만들 수 없었다. 예술은 반드시 현실감을 기반으로 삼기 때문이다.

쇤베르크는 클래식의 근간인 조성을 파괴했다. 조성에는 항상 중심 음이 있다. 다장조면 도와 같이 중심 음을 기준으로 다른 음들이 연결돼 곡조를 만든다. 조성 파괴는 곧 중심 파괴를 의미했다. 그는 한 옥타브 안에 있는 12음 전부를 균등하게 사용하는 십이음기법으로 작곡한 무조음악atonal music을 내놓았다. 홀로코스트를 추모하는 그의 〈바르샤바 생존자〉(1947)에서는 불협화음이 비명을 지르는 듯하다.

클래식이 저문 뒤 다시 장소의 음악이 등장한 것이다. 불협화음이 대세를 이뤘는데, 그것은 조화를 잃은 시대상과 상응했다. 미래파의 소음 예술 뒤로는 앞서 살폈듯이 작곡가들이 다양한 사운드를 실험했다. 때로는 음악 공연이 미술과 구분되지 않는 퍼포먼스의 성격을 띠었다. 즉흥성을 기반으로 하는 재즈가 부각되기도 했다. 음악가들이 악곡에 현장감을 담고자 했다.

그런데 흥미로운 일이 벌어졌다. 클래식은 계속 공연되고 연주회장에 여전히 사람들이 몰렸다. 클래식이 시대를 뛰어넘는 현실감을 지녔기 때문이다.

그렇다면 음악에서 우리는 무엇을 듣는 것일까. 무엇이 그런 도약을 가능케 한 것일까.

톨스토이가 꿰뚫어본 음악의 힘

톨스토이는 예술의 힘을 아주 잘 알고 있는 작가다. 사상가이기도 했던 그는 예술의 힘이 너무 강해 사상을 왜곡할까 봐 말년에는 플라톤처럼 예술을 부정하기까지 한다.

그렇다고 해도 《전쟁과 평화》,《안나 카레니나》와 같은 명작을 쓴 그는 어쩔 수 없는 예술가였다. 그는 소설의 한 장면에서 음악이 가진 힘을 묘사했다.

톨스토이의 장편 《전쟁과 평화》에서 니콜라이 로스토프는 자존심을 세우다가 그만 큰 빚을 지고 만다. 가세가 기울어 어려워진 집안 형편을 생각하며 니콜라이는 쓸쓸히 집으로 돌아온다. 빚 때문에 근심이 컸다.

집에서는 작은 음악회가 열리고 있었다. 여동생 나타샤가 노래를 부르기 시작한다. 니콜라이는 나타샤의 노래에 빠져든다. 그 순간 그는 걱정에서 벗어나 삶의 새로운 면모를 만난다.

'대체 무슨 일이지' 니콜라이는 나타샤의 노랫소리를 듣고 눈이 휘둥그레졌다. 갑자기 온 세상이 집중해 다음 선율, 다음 가사를 기다린다. 세상의 모든 것이 세 박자로 나눠졌다. '오 무정한 사랑이여… 하나, 둘, 셋… 하나, 둘… 셋… 하나… 오 무정한 사랑이여… 하나, 둘, 셋… 하나. 아, 우리 인생은 부질없다.' 니콜라이는 생각했다. '불행도 돈도 미움도 명성도 다 부질없다… 저것만이 진짜다…. 나타샤, 잘한다, 멋져…! 시♭ 음은 어떻게 부를까? 그래, 브라보!' 그는 자기도 모르게 3도 높은 고음 파트로 시 음을 부르고 있었다. '아, 멋지다! 내가 노래를 부르다니!' 그 3도의 성부가 얼마나 높게 울려 퍼지고 니콜라이의 마음속 아름다운 무엇인가와 얼마나 공명했는지 모른다. 그 무엇인가는 어떤 것에도 얽매이지 않고 세상 모든 것을 초월하고 있었다.

우리는 혹시 진정한 자기 모습을 잃어버리고 세상의 흐름에 휩쓸려 헤매고 다니는지 모르겠다. 톨스토이는 이 장면에서 존재의 본래를 일깨우는 음악의 힘을 말해준다. 니콜라이는 돈 걱정에 붙들려 세상을 온통 근심거리로 봤다. 근심이 그의 존재를 장악했다. 누이동생 나타샤의 노래는 삼박자 리듬을 타고 그를 염려로 가득했던 상태에서 벗어나게 해준다.

영화감독 안드레이 타르콥스키Andrei Arsenyevich Tarkovsky(1932~1986)는 "우리는 질식할 정도로 많은 정보에 시달리고 있다. 그러나 정작 삶을 변화시킬 수 있는 가장 중요한 소식들은 우리에게 전달되지 않는다"라고 했다. 지금은 더 많은 정보가 넘치는 시대다. 그런데 왜 삶을 변화시킬 수 있는 중요한 소식은 전달되지 않을까. 그것은 없기 때문이다. 없다고 하니 이상하다. 인류의 역사에서 얼마나 많은 선현들이 현명한 충고를 남겼나. 공자도 예수도 석가도 철학자들도 사상가들도 삶의 지혜를 담은 뛰어난 통찰을 알려주었다. 그것들이 실현됐다면 인류는 지금쯤 천사가 되어 있지 않을까. 그렇지 않은 걸 보니 타르콥스키의 말이 옳다. 정보들이 넘쳐나도 삶은 변화되지 않는다. 삶의 변화는 그 현명한 말들이 내 안에서 리듬을 타고 실제가 되어야 일어난다. 그렇지 않으면 잔소리에 불과할 뿐이다.

음악은 시간의 진행으로 흐르지만, 반복하는 리듬으로 공간을 만든다. 음악의 여운은 이 때문에 나오고, 다른 단계로 뛰는 도약도 그래서 일어난다.

톨스토이의 작품은 니콜라이가 노래의 선율을 따라 새 리듬을 타는 것을 보여준다. 다성음악에서는 그 증폭이 훨씬 크다.

새로운 생각을 탄생시키는 예술적 방법 4가지

대위법

♪ 펠릭스 멘델스존, 〈바이올린 협주곡 마단조〉 by Julia Fischer

펠릭스 멘델스존의 〈바이올린 협주곡 마단조〉Violin concerto in e minor
op.64(1844)는 합주가 독주를 이끌면서 시작한다.

합주가 낮은 음 사이에서 잔잔하게 흔들리는데 불쑥 바이올린의
날카로운 독주가 나오면서 첫 주제를 만든다. 독주의 선율이 퍼지는
동안 합주는 점차 그 멜로디에 맞춰 흔들림의 폭을 넓히더니 새로운
가락을 이루어내고 곧이어 첫 주제를 받쳐주는 박자를 단단히 탄다.
그러다가 독주와 합주가 함께 제1주제를 연주하고 나서 낮고 굵은
합주가 세 번 야무지게 멜로디를 끊는다. 합주가 다음 주제로 선율
을 넘기면 바이올린이 리듬을 넓혀 서로 강렬하게 부딪친다. 때로는
서정적으로 때로는 격렬하게 휘몰아치면서 독주와 합주가 함께 리
듬을 탄다.

독주가 여리게 내려앉을 때에는 합주가 따라가다가 갑자기 첫 주

제를 변주하여 날카로운 바이올린 소리를 끌어낸다. 3장으로 구성돼 10분이 조금 넘는 길지 않은 곡에서 우리는 독주와 합주가 엇갈리다 어울리는 리듬을 만난다. 마침내 독주가 힘을 내어 예리하게 울리면 합주는 빠르게 호응하여 따라간다. 그러다가 독주와 합주가 빠른 템포를 만들어 휩싸이고 합주가 힘껏 내지르며 마무리된다.

한 음은 음악이 되지 못한다. 그 음은 다른 음과 수직으로 만나 화음을 이루고, 수평으로 만나 멜로디를 창출한다. 여러 음이 하나의 세계를 이루는데, 클래식을 한 범주로 묶는 근거는 대위법에 있다. 둘 이상의 성부를 동시에 결합해 곡을 짓는 대위법은 다성음악 즉 폴리포니polyphony를 만든다.

고대 음악이나 그레고리오성가는 하나의 선율로 이어지는 모노포니monophony였다. 초기 음악 형식인 이야기 낭송도 그랬다. 그러다가 선율을 다른 음이 뒷받침해 반주하는 호모포니homophony가 나왔다. 초기 다성음악은 호모포니에 가까웠다. 폴리포니에서는 전혀 다른 선율이 어울린다. 이질적인 음들이 모여 조화를 이루며 감각을 증폭한다.

음악은 정서에 작용한다. 군악은 군대의 사기를 높이고 종교 음악은 믿음을 고취하며 노동요는 일터에서 협동 의식을 끌어내고 고단함을 잠시 잊게 만들면서, 웃고 울며 기뻐하고 슬퍼하는 감정을 유발한다. 노래를 함께 부르는 집단의 유대감을 북돋운다는 점에서 금방 알 수 있는 음악의 특질이다. 그렇게 정서 공감이 일어나는 까닭은 감정을 감각하기 때문이다. 음악의 힘은 바로 이것, 감각 작용이 일어난다는 사실에서 나온다. 음악은 본질적으로 감각을 열어준다. 감각을 넓혀 세상을 확장한다.

표제음악은 작품에 붙은 제목의 의미를 감각하게 해준다. 성악곡은 가사의 내용을 운율로 체험하게 해준다. 표제음악과 성악곡은 청중에게 글자의 의미를 느끼게 해서 이해를 돕는다. 순수 기악곡은 그런 차원에서 더 본질적인 음악이다. 절대음악은 명칭에 종속되지 않아 기성의 관념과는 무관하게 존재하는 세계를 만날 수 있게 해주기 때문이다. 그래서 오스트리아 음악학자 에두아르트 한슬리크 Eduard Hanslick(1825~1904)는 순수 기악곡을 음악의 정수로 봤다. 그는 춤에 빗대어 절대음악의 속성을 푼다. 춤은 움직임 자체로 신체의 상상력을 얻는 예술인데 만일 어떤 스토리에 춤을 종속시키면 그 춤은 팬터마임이 되어 신체의 상상력을 제한한다고 설명했다.

건축가가 철, 돌, 나무 등으로 건축물을 만들듯, 화가가 빨강, 노랑 등 여러 색깔과 삼각, 사각 등 갖가지 도형으로 형상을 그리듯, 작곡가도 이런저런 음들로 멜로디와 화음 그리고 리듬을 만든다. 예술작품에서 전혀 상관없거나 서로 배타적이라고 여겨지는 영역이 결합하는 순간 증폭이 일어나 감각을 넓힌다.

메타포

시는 본래 노래였다. 그래서 시lyric의 이름을 악기 리라lyra에서 가져왔다. 시는 운문이라고 부르기도 하는데 그 운율은 단지 소리의 차원에서만 나오지 않는다. 의미로도 운율을 형성한다. 그것을 메타포metaphor 곧 비유라고 한다. 상식으로 보면 다른 세계에 속한 단어들이 연결돼 같은 계열을 만들고 그것이 의미의 운율을 이룬다.

김동명(1900~1968)의 시집 《파초》(1936)에는 〈내 마음은〉이라는 유명한 시가 있다. 이 시는 1연에서 내 마음을 호수라고 주장한다. '내 마음은 호수요.' 논리적으로 마음이 호수일 수는 없다.

호수는 평상시 잔잔해도 바람이 불면 금방 물결이 인다. 돌을 던지면 호수에 동그란 파동이 겹겹이 퍼진다. 시는 호수처럼 잔잔한 듯하지만 쉽게 흔들리는 마음을 노래하고 있다. 이 구절은 풍경을 그려 마음 상태를 감각하게 만든다. 다음 연은 '그대 저어 오오'다. 호수에 보트가 떠서 노를 저으면 물결이 크게 친다. 물결이 일기 원하며, 그 물결을 그대가 일으켜주기 바라는 기다림을 담고 있다. 어찌 마음을 잘 표현할 수 있을까만 시는 호수에 빗대어 마음을 구체적인 이미지로 그려내고 있다. 다른 영역에 속하는 마음과 호수를 연결해 의미를 생산해낸다. 논리에서는 터무니없어 보이는 결합을 시적인 표현이라고 하는데, '내 마음은 호수요'에서 우리는 마음을 더 선명하게 느낄 수 있다.

〈삶이 그대를 속일지라도〉라는 시로 널리 알려진 알렉산드르 푸시킨Aleksandr S. Pushkin(1799~1837)은 시인을 신의 소명을 받은 자로 묘사하며 〈예언자〉라는 시를 썼다. 이 시에서 시인은 자기 의견을 죽이고 새로 탄생하는데, 그 모습을 이렇게 이야기한다. "천사가 내 가슴을 칼로 갈라/ 팔딱이는 심장을 뽑아내고/ 불꽃이 튀는 숯덩이를/ 벌어진 가슴에 집어넣었다." 숯 덩어리를 진짜로 가슴에 넣을 수 없을뿐더러 그러면 사람은 살 수가 없다. 시는 뜨거운 영감이 천상으로부터 부여된다고 노래한다. 이렇게 실제로 일어날 수 없는 황당한 비유가 역설적으로 본래의 성질을 더 잘 알 수 있게 해준다.

어떤 사람이 집에서 기르는 소는 알고 들소를 모르다가 벌판에서 처음으로 들소를 목격하고 동네 사람들에게 설명한다. 소처럼 생겼지만 소는 아니고, 긴 털에 큰 뿔이 나고 어깨는 울퉁불퉁하니 과격해 보였어. 100여 년 전 자동차가 처음 나왔을 때도 사람들은 내연기관을 몰라 그저 알고 있는 교통수단인 마차와 비교해 '말이 끌지 않는 마차'라고 불렀다. 우리는 새로운 것을 만나면 기존에 알던 것들을 엮어 설명한다. 이때도 비유가 필요하다.

비유는 언어의 시작이다. 그림을 그리듯이 이미지를 묘사하면서 새 언어가 탄생하는 것이다. 이렇게 메타포는 상상력을 통해 새로운 세계를 연다.

우리는 알고 있는 것들을 전혀 다른 차원에서 결합해 세상을 재구성한다. 익숙하지 않은 연결 때문에 순간, 공간이 발생하고 바로 여기서 사유가 생성된다. 창의성은 이질적인 것들이 만나 만든 틈에서 발현된다.

몽타주와 하이쿠

처음 영화가 나왔을 때 관객들은 현실과 똑같은 움직임을 스크린에서 보고 깜짝 놀랐다. 뤼미에르Lumière 형제가 시네마토그래프cinematograph라는 기계를 만들어 기차가 역에 도착하는 장면을 촬영해

하얀 영사막에 비춰 보여줬을 때 사람들은 진짜 기차가 다가오는 줄 알고 자리에서 벌떡 일어나 피하려 했다. 생생한 기록에 놀란 것이다. 그렇게 영화는 처음에 현실 자체로 이해됐다. 그러나 영화는 현실과 다르게 분절되어 있다.

그것을 컷cut 또는 숏shot이라고 하는데, 이는 영화 촬영 현장에서 감독들이 컷을 외치는 모습에서 알 수 있다. TV 프로그램의 연속극이나 다큐멘터리, 뉴스도 음소거로 설정하고 보면 분절된 장면들이 편집돼 있는 것을 지각할 수 있다.

영화의 언어는 촬영의 이 속성에서 탄생한다. 찍은 장면들을 모아 연결한다. 이때 의미가 생겨난다. 그것을 몽타주montage라고 한다.

몽타주는 영화 전체에 걸쳐 이뤄진다. 그것은 마치 단어들이 결합해서 문장을 만들고 문장들이 모여 단락을 단락들이 합쳐 하나의 소설을 이루듯, 또는 음표들이 마디를 엮고 마디들이 악장을 네댓 악장이 교향곡을 구성하는 원리와 같다. 숏들이 합쳐 시퀀스를 만들고 시퀀스들이 신을 신들이 결합해 한 편의 영화를 리듬을 타고 만든다.

영화 감독이 되기 위해서 배우는 가장 기본적인 교재에 나오는 다음 세 장면을 예로 들면 몽타주를 쉽게 알 수 있다. 남자가 걷는 장면(A), 여자가 걷는 장면(B), 두 사람이 함께 있는 장면(C)이 있다. 세 장면을 A-B-C 순서로 연결해 보여주면 관객은 남녀가 만났다고 인식한다. 그런데 거꾸로 C장면을 먼저 보여주면서 C-A-B로 결합하면 남녀가 헤어졌다고 여긴다.

이런 초보적인 영화 언어를 도약시킨 영화감독이 세르게이 예이젠시테인Sergei Mikhailovich Eizenshtein(1898~1948)이다. 그는 두 장면의 병렬이 위와 같이 덧셈의 관계를 맺는 것을 넘어 점프할 수 있다는 사실을 밝혔다.

예를 들어 예이젠시테인은 영화 〈파업〉(1925) 마지막 장면에서 파업한 노동자들을 진압하는 컷과 도축장에서 소가 도살되는 컷을 병합했다. 어떤 연과성도 없는 두 장면이 연결돼 관객에게 큰 충격을 주었다. 그는 몽타주를 자동차 내연기관의 폭발에 비유한다. 메타포처럼 몽타주도 무관한 장면을 붙여 새로운 인식으로 도약하게 만든다.

예이젠시테인은 이러한 몽타주를 일본의 짧은 단시 하이쿠에서 영감을 얻어 만들었다고 말했다. 그가 인용한 마쓰오 바쇼松尾 芭蕉(1644~1694)의 하이쿠다.

마른 가지에
까마귀 앉아 있다
가을 저녁

이 짧은 시는 어떠한 감정도 담지 않았지만 아주 감각적이다. 마른 가지, 까마귀, 두 대상이 있는 풍경이다. 그것만으로 고즈넉하고 쓸쓸한 늦가을 저녁이 떠오른다. 적막감 때문에 곧 초겨울이 닥쳐 매서운 칼바람이 불 것만 같다. 물체의 상태로 심상을 만들고 있다.

오래된 연못

〈파업〉의 노동자 진압 장면과 도축 장면.

세르게이 예이젠시테인, 〈파업〉, 1925

개구리 뛰어든다

물소리

이 하이쿠에서는 물소리가 난다. 의성어가 없어서 더 또렷이 첨벙, 하고 소리가 들린다. 작은 소리가 일순간 적막을 깼다. 그 파문이 지금 얼마나 고요한지 말해준다.

콜라주

프랑스 화가 조르주 브라크는 벽지를 오려 캔버스에 붙이는 대담한 시도를 했다. 프랑스어로 '파피에콜레'papier collé라고 하는 기법인데 그대로 번역하면 '종이papier 붙이기collé'다. 이 방식은 미술의 획기적인 전환을 낳았다. 그동안 회화는 그리는 작업이었다. 캔버스에 물감을 칠하지 않고 벽지를 잘라 붙이니 이물감이 생겼다. 첫 작품 〈과일 접시와 유리잔〉(1912)은 브라크가 아비뇽의 벽지 가게에서 산 나뭇결무늬의 종이 세 조각을 붙이고 목탄으로 주위에 글자와 그림을 그려 제작했다. 파피에콜레는 금방 확산되어 종이뿐 아니라 여러 물질을 캔버스에 붙이는 콜라주collage로 발전한다. 이질적인 물체가 화폭에 침투해 상상력을 자극했다.

현대에 들어와 전통적인 표현 방식을 거부하는 작가들이 콜라주를 자주 활용했다. 독일의 쿠르트 슈비터스Kurt Schwitters(1887~1948)는 〈메르츠〉Merz 연작을 만들었다. 메르츠는 상업은행kommerzbank 단어가 들어간 인쇄물의 중간 부분을 잘라 만든 신조어로, 슈비터스는 이 명칭을 자신의 모든 작품에 붙였다. 그는 병마개, 신문지, 광고 전단, 단추 등 버려져 쓸모없어진 물건들을 기하학적인 구도로 화폭에 배치해 존재감을 살렸다. 또한 막스 에른스트Max Ernst(1891~1976) 등 초현실

쿠르트 슈비터스, 〈메르츠빌트 32A 체리 그림〉, 1921

주의 작가들도 콜라주를 능동적으로 활용했다.

우리가 흔히 쓰는 표현에 '개념 없는 사람'이라는 말이 있다. 예술은 아무런 생각도 없이 부표처럼 그저 세상을 떠다니듯 사는 현대인에게 현실을 보는 주체적이고 반성적인 시선을 회복하도록 자극한다. 콜라주는 현대 예술의 괴팍한 실험을 열어 생각을 생산해내는 개념예술conceptual art로 이어졌다.

뒤샹이 예술품이라고 내놓은 변기처럼 레디메이드 즉 기성품으로 기성의 문제를 건드리는 팝아트pop art도 나왔다. 일상의 장소에 낯선 것을 세워 질서로 닫힌 공간을 여는 설치미술installation art 역시 콜라주의 확장이다.

성질이 다른 것들을 같은 곳에 모아 병치하는 일은 새 생각을 만드는 방식이다. 이는 기성 즉 과거를 가지고 창조 즉 미래를 여는 방법이기도 하다.

삶의 폭을 넓힌다는 것

인류는 미래에 어떤 세상에서 살아갈까. 그것을 예측하는 일은 쉽지 않다. 놀라운 점은 테크놀로지가 발달해 앞으로는 상상하는 것이 현실이 될 가능성이 아주 높다는 사실이다. 그렇다면 상상하지 못한 것은 이룰 수 없다.

미래를 상상하는 일은 우리가 처한 상황에서 출발한다. 누구나 취약한 자기 처지를 딛고 그것을 극복하는 상상을 한다. 테크놀로지는 인류의 부족한 점을 보완하여 인간다운 삶을 보장해주었다. 이제는 디지털 문명으로 삶을 증폭하는 일이 가능한 시대가 됐다.

　모든 사물은 물리적인 성질을 가진다. 그 성질을 나타내는 물리량으로 각 존재의 값을 얻는 것을 아날로그라고 한다. 소리는 공기의 진동으로 생긴 음파가 청각에 닿아 나는데 소리의 고저, 크기, 음색은 음파의 폭과 모양으로 표시한다. LP음반은 깊거나 얕게 파인 홈들과 바늘이 마찰해 소리를 낸다. 팬 홈의 미세한 차이가 음파의 폭과 모양을 결정해 다양한 음을 내놓는다. 온도계는 온도의 차이에 따라 수은의 길이가 변하는 것으로 기온을 측정한다. 물리량은 계기판의 바늘이 움직이듯 온도계의 수은 길이가 변하듯 끊어지지 않고 표시된다. 디지털은 그 연속적인 물리량을 켜졌다 꺼졌다 하며 깜빡거리는 단속적인 신호로 바꿨다. 그렇게 디지털 신호는 음성이나 영상 등의 물리적인 특성을 0과 1의 수치로 전환해 단순화했다. 모뎀 modem은 아날로그 물리량을 디지털 신호로 디지털 신호를 아날로그 물리량으로 전환하는 통신 장비다.

　물리량을 비물질적인 수치로 바꾼 디지털은 복제하기도 공유하기도 쉽다. 압축 또한 간편해서 큰 물리량을 작은 단위에 담을 수 있다. 특히 디지털은 각기 성질이 다른 아날로그를 단일한 기준에서 만날 수 있게 해줬다. 그래서 미래에는 예상치 못한 분야들이 융합될 수 있다.

　앞서 봤듯이 이질적인 요소들이 만나면 새로운 세상을 만든다. 메타포가 그랬고 몽타주와 콜라주가 그러하듯이 그 융합은 새 영역을 창출한다.

상상력에는 한계가 없다. 무한한 상상력이 디지털 문명이 낳은 최첨단 테크놀로지로 실현되면서 혁명이 진행 중이다. 지금 혁명은 새 물건을 생산하는 데 그치지 않고 전혀 다른 질서를 디자인하고 있다.

요즘 여러 차원에서 이야기하는 미래의 모습들을 크게 두 범주로 정리할 수 있다. 증강 인간과 증강 현실.

증강 인간

시력이 나쁘면 우리는 안경을 쓴다. 난청으로 불편하면 귀에 보청기를 낀다. 관절이 닳으면 수술해서 인공관절로 대체한다. 약해진 신체 기능을 우리는 의료 기기를 이용해 보완한다.

이제는 인간이 생물학적인 한계를 초월하는 신체 능력을 가지게 될 날이 머지않았다. 시각이나 청각 등 오감이 테크놀로지의 도움으로 초능력을 발휘하게 될 것이다.

안경 같은 기구를 걸치면 다른 공간에서 벌어지는 일을 보거나 앞 사물의 관련 정보를 알게 된다. 혹은 앞사람의 심리를 볼 수도 있다. 청각 정보로 시각적 상상력을 발휘하게 하는 기술도 이미 나와 있다. 감각의 확장이 아마도 여러 차원에서 이뤄질 것이다. 더 나아가 오감이 아닌 아예 새로운 감각을 지니게 될 수도 있다.

옛날 연금술사들은 광석에서 보석을 추출하는 일을 넘어 인공 생명을 창조하는 꿈을 꿨다. 특히 사람을 만들어내는 기술을 가지고 싶어 했다. 그 호문쿨루스homunculus가 앞으로는 실현될 수 있다. 영국의 작가 메리 셸리Mary Wollstonecraft Shelley(1797~1851)는 연금술사의 이 꿈을 모티프로 소설 《프랑켄슈타인》(1818)을 썼다. 이 소설에서 빅터 프랑켄슈타인 박사는 2미터가 넘는 큰 체구에 초능력을 가진 인간을 창조한다. 초능력을 갖고 싶은 것은 인류의 오랜 욕망이었다.

동물이나 곤충이 어떤 감각에서는 사람보다 월등한 능력을 가지고 있는 점에 착안하면 인간이 앞으로 초능력을 발휘하는 모습을 그다지 어렵지 않게 그릴 수 있다. 하루살이 날벌레는 아무리 손을 빨리 휘둘러도 잡기 어렵다. 날벌레의 시간 감각이 다르기 때문이다. 날벌레처럼 만일 1분을 60초가 아니라 더 세분해 300초로 지각한다면 날아오는 총알을 보며 피하는 공상과학영화의 슈퍼맨같이 될 수도 있다. 사람보다 빨리 달리는 치타, 코를 손처럼 쓰는 코끼리 등을 본떠 인간 능력을 확장할 수 있다.

증강 인간이란 초인, 즉 인간을 넘어선 것이다. 최첨단 장비로 신체의 능력을 확장하는 일이 이미 진행되고 있으며, 여기에 수명을 연장하는 의료 기술까지 더해질 것이다. 사람들은 더 이상 죽음을 두려워하지 않게 될지도 모른다.

증강 현실

기구는 사람의 활동 영역을 넓혀왔다. 탐험가는 망원경으로 먼 곳을 살폈고 과학자는 현미경을 통해 눈에 보이지 않는 세포를 관찰했다. 여행자는 배를 타고 바다를 건너고 파일럿은 비행기를 몰고 하늘을 날아다닌다. 그렇듯 앞으로 인류는 새로운 기구를 만들어 우주로 여행을 가고 다른 행성에 건축물을 짓고 살 수도 있다.

인류는 시간과 공간의 개념을 바꿔 활동 영역을 크게 확대하려는 시도를 해왔다. 차원을 달리하면 얽힌 문제가 풀린다. 2차원에서 풀 수 없던 일은 3차원에서 처리되고 3차원에서 꼬인 문제는 4차원에서 해결된다. 시간과 공간의 개념을 바꾸려는 상상력은 꾸준히 나왔다.

독일의 천문학자이자 수학자인 아우구스트 뫼비우스August Ferdinand Möbius(1790~1868)는 차원을 없앤 띠를 내놓았다. 뫼비우스의 띠에는 시작도 끝도 없고 안도 밖도 없다. 구별하여 갈라놓는 과거의 원리를 넘어서는 새 원리가 가능하다는 점을 입증한 일이다. 뫼비우스 띠의 어느 지점에서 출발해도 출발한 곳의 반대편에 도착한다.

네덜란드의 판화가 마우리츠 에셔Maurits Cornelis Escher(1898~1972)는 새로운 시공을 상상했다. 그의 〈올라가고 내려가고〉(1960)에서 어떤 사람은 같은 계단을 끝없이 내려가고 누구는 계속 올라간다.

에셔는 1965년 3월 5일 힐베르쉼 문화상을 받으면서 바흐 음악에서 강한 영감을 얻어 작품을 제작했다고 연설했다. 특히 바흐의 〈골트베르크 변주곡〉Goldberg variationen(1741) 25번은 차원의 변위를 상상하게 해줬다고 말했다. 그는 중력을 무시하면서 차원을 넘나드는 작품을 만들었다.

〈판화 갤러리〉(1956)의 왼편 아래쪽 청년은 갤러리 복도에 서서 바닷가 마을을 바라보고 있다. 앞으로 배 한 척이 떠 있고 작은 보트가 정박한 항구 마을에는 평평한 돌 지붕의 삼사층 가옥들이 빼곡하다. 아래쪽 이층 창문에서 한 여인이 창밖을 내다보고 있다. 그런데 그 아래층은 바로 갤러리다. 갤러리 복도가 길게 앞쪽으로 휘어 뻗었고

마우리츠 에셔, 〈판화 갤러리〉, 1956

그 끝에 청년이 서 있다. 청년은 그가 쳐다보고 있는 마을 안에 있다.

〈판화 갤러리〉에서 청년은 현실적으로는 볼 수 없는 세계를 바라본다. 공간이 재편성돼 그림에 서로 다른 차원이 혼재한다.

미래에 인류는 차원의 속박에서 벗어나 생활 범위를 넓힐 것이다. 그것은 이전의 가상현실과는 다르다. 가상현실은 실제 같은 느낌을 주지만 실재하지 않아 기기를 써야 체험할 수 있었다. 증강 현실은 상상하는 세계가 진짜 현실로 나타나 시간과 공간의 개념이 달라지는 세상이다.

가령 냉장고 문을 열지 않아도 그 안에 무엇이 있는지 보이고 냉장고가 스스로 부족한 물건을 주문한다. 요즘 막 생겨난 이러한 일은 증강 현실의 초보적 단계다. 허공에 화면이 떠 여러 정보를 제공하는 상황도 곧 일어날 일이다. 최첨단 테크놀로지는 알라딘 램프의 요정처럼 사람이 상상하는 세계를 곧바로 구현할 것이다.

그때에는 지금의 컴퓨터가 구시대의 유물쯤으로 바뀔 수도 있다. 벌써 양자역학을 이용한 양자컴퓨터quantum computer가 개발되고 있다. 그것은 슈퍼컴퓨터보다 수억 배 빨리 스스로 알고리즘을 짜서 증강 현실을 구현할 수 있다. 삼차원을 인쇄하는 3D프린터는 이미 상용화됐고 4차원 프린터 즉 4D프린터도 나왔으니 다른 차원을 만드는 프린터도 충분히 예상할 수 있다.

그리하여 사람들은 앞으로 소유보다 경험을 더 중요하게 여길 것이다. 공유 경제가 이미 일부에서 실천되고 있는 상황은 이러한 변화를 예고하고 있다. 도구는 원래 사용하기 위해 만들었다. 그런데 산업혁명으로 대량생산이 이뤄지자 경제를 돌리려고 생산품을 소비해야 했고 그래서 세상은 인간의 소유욕을 부추겼다. 자동차는 본래 타고 다니는 교통수단인데 어떤 사람들은 벤츠니 BMW니 하며 부를 과시하는 재산 목록에 올렸다. 가방은 물건을 넣고 다니는 용구인데 루이비통이니 구찌니 하며 용도보다 브랜드를 내세우고 가격을 뽐냈다. 때로는 소유물이 인격을 대신하기도 했다. 이제 도구 본래의 사용 기능을 회복할 것이다. 삶이 풍족하다는 기준이 소유에서 체험으로 바뀐다. 따라서 1장에서 언급했듯이 경제의 패러다임도 변한다. 경제 시스템 자체가 바뀌어 이윤보다 가치 창출을 경제의 근간으로 삼을 것이다.

주위 생명체와의 교류도 증강 현실의 한 예로 예상된다. 개나 고양이, 새 등 반려동물의 생각이 번역돼 전달되는 일도 가능하다. 번역기가 더 발달하면 야생의 동물과 식물이 내놓는 신호를 사람의 언어로 들려주기도 할 것이다. 그때에는 생명체에 관한 개념도 바뀔 것이다.

새로운 생명체

전 세계 로봇들이 모여 축구 경기를 하는 로보컵RoboCup이 매년 열리고 있다. 로보컵은 '로봇 축구 월드컵'을 줄인 말이다. 제1회 로보컵은 1997년 일본 나고야에서 11개국 38개 팀이 참가해 열렸다. 2019년 오스트레일리아 시드니에서 개최된 23회 대회에는 35개국 4000여 명이 로봇과 함께 출전해 2만 여 관중 앞에서 기량을 겨뤘다. 월드컵축구에 관중이 열광하듯 앞으로는 많은 사람들이 로보컵 경기장에 모여 로봇 축구를 응원할지도 모르겠다. 어느 팀의 기술이 더 발달했는지 보며 열광의 도가니에 빠질지도 모른다. 로봇 경기를 응원하면서 로봇을 향한 동료 의식이 사람들에게 생긴다.

원래 로봇은 단순 반복 작업을 하는 기계장치였다. 위험하고 열악한 환경에 투입된 로봇은 여러 임무를 입력된 정보에 따라 수동적으로 처리해왔다. 그런 로봇이 지능을 갖추기 시작했다. 모습도 인간을 꼭 빼닮은 휴머노이드humanoid로 발전했다. 앞으로는 로봇이 사람들의 친구나 연인, 멘토 역할을 할 테세다. 반려동물을 대신하는 로봇은 이미 한 세대 전에 나왔다. 그러니 사람들이 로봇에게 친밀감을 느끼고 생명체 대하듯 로봇을 만날 것이다.

생명체를 닮은 로봇만의 일이 아니다. 사물인터넷Internet of Things이 나온 지 꽤 됐다. 각종 사물이 통신 기능과 센서를 갖추고 무선통신으로 전달되는 명령을 수행하고 있다. 이제 곧 사물들이 인공지능을 탑재하고 감각까지 가지고 스스로 작동할 것이다. 청소기는 알아서 더러운 곳을 닦고 세탁기는 홀로 빨래를 한다. 사람은 어떤 스위치도 누를 필요가 없다. 작동 중 문제가 생기면 도구가 직접 진단해 문제를 해결한다. 사람들은 스스로 움직이는 기구도 생명체같이 느끼게 될 것이다.

아예 새로운 생물의 출현도 다가오고 있다. 생물이 생명현상을 유지하는 데 필요한 유전자 총량인 게놈genom을 완전히 해독한 지금, 당연히 예상되는 상황은 생명체 복제를 넘어 유전자 본체인 DNA를 조작해 새로운 생물을 탄생시키는 모습이다. 생명공학은 이미 신의 영역이라는 생물체 생성을 연구 대상으로 삼고 있다. 그래서 자연계에 존재하지 않는 생명체를 설계하는 합성생물학synthetic biology이라는 분야가 생겼다. 그렇다면 미세먼지나 오염물질을 먹고 스스로 소멸하는 미생물 정도가 나오면 좋겠다. 어쨌든 로봇이나 사물을 생물체처럼 인지하여 생명 관념이 바뀌는 일뿐 아니라 지상에 완전히 새로운 생물이 나오는 시대를 우리는 맞게 될 것이다.

그 세상이 데페로가 꿈꾼 무대처럼 아름답고 멋지면 좋겠다. 미래파가 테크놀로지에 건 기대처럼 사람들이 최첨단 과학기술을 보며 신나게 미래를 상상할 수 있는 시대다.

데페로가 그린 무대, 그 뒤편을 보다

혜일섬의 기숙학교는 독특한 학생들이 사는 곳이다. 학생들은 정규교육을 받고 또 동아리 활동도 하지만 특별하게 청결과 건강을 검사받는다. 그들에게 학업성적 따위는 그다지 중요하지 않다. 그곳에서 캐시는 토미와 루시와 친하게 지내며 성장한다. 그들은 특이하게도 어떤 인생을 살지 고민하지 않았다. 학생들은 복제인간 클론clone이었다.

그들은 다 성장한 후 생명을 준 근원자에게 장기를 하나씩 떼어준다. 아무 저항 없이 서너 번 장기를 내준 후 그들은 죽는다. 그것이 그들의 숙명이다. 단짝 토미, 루시를 먼저 세상에서 떠나보낸 캐시도 수술실로 들어간다.

2017년 노벨문학상을 받은 일본계 영국 작가 가즈오 이시구로Kazuo Ishiguro의 소설《나를 보내지 마》(2005)의 내용이다.

재력가 사람들이 DNA를 추출해 복제인간을 만든다. 그들은 살아가면서 혹시 병에 걸리거나 아니면 나이가 들어 장기 기능이 떨어지면 새 부품으로 갈아 끼우듯 복제인간의 장기를 이식해 건강하게 오래 산다. 이러한 일이 충분히 가능한 과학기술의 시대다.

이시구로의 소설에서 기숙학교의 한 교사는 이들 복제인간에게 그림을 그리게 했다. 예술 수업을 통해 그들에게 영혼이 있는지 판단하기 위해서다. 실제로 그들도 보통 사람처럼 기뻐하고 슬퍼하며 서로 사랑하고 그림도 그린다. 그러나 생명을 준 근원자에게 장기를 내놓기 위해 태어난 그들은 결코 인생을 선택할 수 없었다.

이 쓸쓸한 이야기가 현실이 될지 모르는 시대에 우리는 살고 있다. 앞서 화려한 미래의 모습을 예상해봤는데 그 뒷면에는 이런 비극적인 상황이 있을지도 모른다.

극장은 의식儀式과 비슷하다. 현실에서 살아가는 사람들이 극장의 문을 통과해 들어와 객석에 앉는다. 이때 무대는 막으로 가려져 있고, 조명은 객석만 환하게 비춘다. 종이 세 번 울리고 극장 전체가 암전된다. 잠시 후 막이 올라가고 무대에만 조명이 들어온다. 그리고 무대에서 하나의 꾸민 세상이 펼쳐진다. 관객은 무대의 세상을 진짜로 받아들이며 웃고 운다.

이런 극장에 분장실이라는 참 묘한 곳이 있다. 그곳에서 현실의 인물이 무대의 인물로 변신한다. 배우는 분장실에서 아직 배역의 인물이 아니라 현실의 인물이다. 분장을 마친 배우는 무대에 올라 현실의 자신을 잊고 배역의 삶을 산다.

그래서 이 분장실은 무대의 입장에서 보면 있다고 인정할 수 없는 공간이다. 관객이 분장실을 염두에 두면 무대의 인물이 배역 자체가 아니라 분장한 실제 인물로 보이기 때문이다. 그러면 관객은 연극에 몰입할 수 없다. 그렇기 때문에 무대는 분장실의 존재를 부정해야

에드가 드가, 〈두 무용수〉, 1879
"예술은 당신이 무엇을 보느냐가 아니라,
당신이 다른 사람들로 하여금 무엇을 보게 만드느냐의 문제이다."

한다. 그러면서도 분장실은 무대를 위해서 꼭 필요한 공간이다. 실제의 인물이 분장을 해야 배역의 인물로 바뀔 수 있기 때문이다. 따라서 분장실은 무대를 위해서 반드시 필요하지만 또 무대를 위해서 그 존재를 감춰야 하는 곳이다.

에드가 드가는 이러한 무대의 뒷면을 자주 그렸다. 발레 무대를 만든 무용수들이 무대 뒤에서 지친 발목을 만지고 있다. 화가는 화려한 무대가 아니라 고단한 분장실을 주목했다.

●

데페로는 뒤늦게 뛰어든 미래주의 예술관에 심취해 장밋빛 미래를 꿈꾸며 작품을 만들었다. "인간이라는 기본 조건을 능가하는 구조물을 통해 최고의 의지와 자유를 얻으려 한다." 데페로는 발라와 함께 작성한 〈미래주의자의 우주 재건축〉(1915)이라는 글에서 이렇게 선언했다. 그는 세상을 재건축해서 새로운 무대를 만들고자 했다. 그는 유토피아를 꿈꿨고 인간 한계를 넘어선 새 세계를 창조하고 싶었다. 1928년 뉴욕으로 이주한 뒤에도 그는 홀로, 직물 등 여러 방면에서 꾸준히 새 디자인을 발표한 기술자였다.

그러나 미래파의 다른 예술가들은 뿔뿔이 흩어졌다. 한때 열렬히 미래주의를 지지했던 세베리니는 1933년과 1934년에 스위스 로잔의 노트르담 드 발렌틴Notre-Dame du Valentin 성당의 앞 벽면에 중세 양식의 프레스코를 그렸다.

미래파는 혁신적인 표현 방식을 추구하면서 파괴 위의 건설이라는 폭력성을 띠고 심지어 파시즘을 지지하다 금방 소멸한다. 그들은 강한 것만 살아남는 약육강식이 세상의 논리라고 주장하다 거꾸로 파멸했다. 미래파는 현실과 조화를 이루지 못했던 것이다.

예술의 증폭 방식은 메타포와 몽타주, 콜라주에서 봤듯이 배척의 언어가 아니라 공존의 언어다. 현실에서 진정한 미래를 여는 힘도 여기서 나온다. 증강 인간과 증강 현실에서 증강의 원리를 성찰할 필요가 있다. 그것은 창조자의 모습을 이해하는 것에서 출발해야 한다.

예술 수업 4

꿈은 어떻게 이룰 수 있을까

아무리 좋은 음악도 세상에 그 곡 하나만 있다면 얼마나 괴로울까 생각한 적이 있다.

새벽부터 어떤 멜로디가 입에 붙어 웅얼거리는 날이 있다. 무슨 일 있는 것도 아닌데 몸 안에서 특별한 리듬이 나와 전혀 모르는 곡조를 흥얼거린다. 그런 날에는 하루 종일 그 알 수 없는 선율이 몸에서 떠나질 않는다.

우리는 리듬을 타면서 산다. 잠에서 깨어나서 씻고 아침 식사를 하고 옷을 입고 일터나 학교로 가서 맡은 일이나 공부를 하며 하루의 대부분을 보낸 후 귀가하여 씻고 저녁 식사를 하고 TV를 보거나 스마트폰으로 여기저기 기웃거리거나 책을 읽으며 여가를 보내다 잠자리에 든다. 그리고 다음 날도 거의 비슷하게 보낸다. 약속이 생기거나 과제를 맡아 약간의 일탈이 있기도 하지만 대부분 같은 흐름의 날들이 이어진다.

리듬은 같은 일이 반복돼 나온다. 일상은 그렇게 만들어진다. 아무리 이상한 곳에 살더라도 또는 상식적이지 않은 일을 하더라도 반복되는 생활이 그 이상한 곳, 비상식적인 일을 일상으로 만든다. 시베리아의 혹한에서도 적도의 뜨거운 태양 아래서도 심지어 감옥 안에서도 사람들은 일상을 산다.

그런데 같은 일이 되풀이되면 망각을 낳는다. 누가 아침에 세수한 일을 특별하게 기억하겠는가. 그날 사랑하는 사람이라도 만난다면 아침에 씻은 일을 기억할지도 모르겠다.

음악의 기본은 리듬이다. 멜로디도 화음도 중요한 요소지만, 세상 모든 음악을 음악이라고 부를 수 있는 단 하나의 조건을 들라면 리듬이다. 아프리카 민속음악도 음악의 범주에 들어오는 것은 리듬을 타기 때문이다. 음악의 리듬도 쿵작작 쿵작작 같은 소리가 반복해 생긴다.

사람들은 리듬을 타고 살기 때문에 타성에 젖기 쉽다. 어떤 사람은 자기 리듬이 아니라 유행을 따라 부표처럼 붕 떠서 살기도 한다. 음악을 들으면 무뎌진 감각이 살아나 리듬을 느낄 수 있다. 그러면 자기 흐름을 살펴볼 수 있고, 나아가 새로운 리듬을 만날 수 있다. 음악은 형태도 색깔도 냄새도 없지만 그렇게 감각을 연다.

꿈은 어떻게 이룰 수 있을까. 새로운 일은 무슨 힘으로 해낼 수 있을까. 그것은 타성에서 벗어나야 이룰 수 있다. 그렇다면 그 변화는 어떻게 가능할까. 그것은 그동안 살아왔던 흐름과 다른 리듬을 타는 일이다. 새 리듬감을 획득하면 삶이 바뀐다.

라인강의 물 요정이 부르는 노랫소리에 선원들이 취해 배가 잠기는 줄도 모른다는 로렐라이 전설이나 바다의 님프 세이렌이 흥얼거리면 뱃사람들이 하던 일을 버리고 물로 뛰어든다는 그리스 신화는 음악이 새로운 상태에 몰입할 수 있게 해준다는 의미로 풀 수도 있다. 음악이 꿈을 이룰 수 있는 동력이 무엇인지 알려준다.

5장

천재란 무엇인가

살리에리는 모차르트를 왜 그토록 질투했을까

푸시킨의 〈모차르트와 살리에리〉 초연, 1898

오, 하늘이여, 대체 정의는 어디 있단 말인가! 신성한 재능이, 불멸의 천재가 뜨거운 사랑과 자기희생, 노력과 수고와 간절한 소망의 대가로 주어지지 않고 저 게으르고 방탕한 미치광이의 머리를 비추고 있다니……! 아, 모차르트, 모차르트!

1791년 12월 오스트리아 빈에는 궁정음악가 안토니오 살리에리 Antonio Salieri(1750~1825)가 볼프강 아마데우스 모차르트를 독살했다는 소문이 돌았다. 독일의 저널 《주간 음악》도 그해 12월 12일 자에 모차르트 피살 의혹을 제기하는 기사를 내보냈다. 레퀴엠을 쓰던 모차르트가 일주일 전 갑자기 세상을 떠난 이유가 명확하지 않다는 것이다. 살리에리도 이 풍문을 듣는다. 그는 죄책감을 느꼈다.

1825년 5월 7일 일흔다섯의 살리에리는 노인성치매를 앓다가 세상을 떠난다. 살리에리는 치매 병동에서 지낼 때 모차르트를 독살했다고 횡설수설했다. 어떤 가책에 짓눌려 내뱉은 그 말이 사후 5월 25일 자 신문에 보도되면서 소문을 진실로 여기게 만들었다.

살리에리가 모차르트를 독살했다는 이야기는 유럽을 휩쓸고 멀리 러시아까지 퍼졌다. 푸시킨도 이 소문을 듣는다. 그는 살리에리가 진짜 살인범이 아니더라도 예술의 이름으로 모차르트를 죽인 것은 분명하다고 확신한다. 5년 뒤 푸시킨은 〈모차르트와 살리에리〉(1830)라는 짧은 비극을 쓴다. 이 비극에서 살리에리가 이렇게 절규한다. 모차르트의 음악이 자기 작품보다 더 뛰어난 것은 정의롭지 못하다고.

살리에리는 실제로 모차르트를 죽이지 않았으면서 왜 죄책감에 시달렸을까. 푸시킨은 어째서 사실이 아닌 소문을 듣고 살리에리를 작품에서 살인자로 그렸을까. 살리에리가 모차르트를 살해하지 않았다는 사실이 여러 정황들로 밝혀지고 있다. 그런데 정말로 살리에리는 무고할까.

전설, 소문의 메커니즘

우리가 소문에 귀를 기울이고 자꾸 언급하는 까닭은 그 이야기가 그저 남의 일이 아니라 나의 일처럼 여겨지기 때문이다. 전하여 내려오는 이야기 즉 전설은 그렇게 해서 탄생한다. 모차르트와 살리에리의 전설도 그랬다.

근거도 없이 살리에리를 살인범으로 몰아간다고 해서 세상을 떠난 살리에리가 그리 억울해할 일은 아닐지도 모른다. 사람들은 때로 모차르트와 살리에리의 전설에서 살리에리를 더 동정하고 아예 그에게 친밀감까지 느끼기 때문이다. 그런 내용으로 영국의 극작가 피터 섀퍼Peter Levin Shaffer(1926~2016)가 희곡《아마데우스》(1979)를 썼다.

이 희곡의 마지막 부분에는 살리에리가 세상을 떠난 직후 1825년

5월 25일 자 신문에 실린 기사가 그대로 나온다. 모차르트가 자기 때문에 요절했다고 살리에리가 고백했다는 보도이다. 희곡은 신문 기사를 근거로 살리에리 살해 전설을 확신한다. 그러면서 살리에리의 고뇌를 정당화하고 있다.

《아마데우스》는 늙은 살리에리가 과거를 회상하면서 시작한다. 희곡 대부분을 차지하는 긴 회상 장면에서 살리에리는 끊임없이 모차르트의 천재적인 작품들에 감탄하며 그를 질투한다. 그는 경박한 모차르트에게 그러한 능력이 있다는 점에는 불같이 분노한다. 마지막 장면, 회상을 마친 살리에리가 관객을 향해 느닷없이 그대들을 용서한다고 말한다.

관객도 특출한 재능이 없는 신세를 한탄하며 살리에리와 함께 천재를 시샘했던 것이다. 희곡을 바탕으로 만들어진 영화는 그러한 점을 더 선명하게 다뤘다.

섀퍼는 희곡을 직접 영화 시나리오로 각색했다. 체코 출신 밀로스 포만Miloš Forman(1932~2018)이 감독한 동명의 영화 〈아마데우스〉(1984)에서 살리에리는 더 확고하게 자기가 모든 평범한 사람들의 대변자요 수호자라고 말한다.

영화는 작품의 의도를 더 뚜렷하게 전달하기 위해 희곡의 내용을 변형했다. 희곡은 말년의 살리에리가 자신의 아파트에서 모차르트를 회상하면서 시작했는데, 영화는 살리에리가 자살을 기도하여 정신병동에 끌려가는 장면으로 출발한다.

정신병동에서 살리에리는 고해성사를 받으러 온 신부에게 모차르트와 얽힌 음악 일생을 털어놓는다. 이때 그의 고뇌가 자책도 회한도 아닌 신을 향한 분노였음을 드러낸다. 살리에리는 죄를 뉘우치는 고해를 하는 것이 아니라 신을 원망하며 신의 종인 사제에게 한탄한다. 모차르트를 죽음으로 몰고 간 것도 다 신에게 저항하는 행위였음을 격정적으로 밝힌다. 그러면서 살리에리는 자기가 평범한 사람들의 수호자라고 스스로 신격화한다.

소문은 전해 들은 실제 내용을 전달하기보다 관심 있는 부분을 과장해 본론을 재구성하거나 새로운 이야기를 꾸며 얹으면서 만들어진다. 때로는 의도에 맞춰 전설을 왜곡하는데, 거기에는 일그러진 자기 모습을 합리화하려는 숨은 책략이 끼어들기도 한다.

이 영화는 많은 사람들의 인기를 끌었을 뿐 아니라 영화제에서 여러 상을 탔다. 관객뿐 아니라 평론가들도 영화의 내용을 수긍하고 높은 점수를 주었다. 영화가 모차르트의 빼어난 음악을 배경에 깔면서 잘 만들어졌기 때문이기도 하지만, 그 안에 흐르는 주제, 평범한 사람들을 대변하는 살리에리 현상에 평론가들이 크게 공감했기 때문이다. 그렇게 모차르트와 살리에리는 또다시 전설이 되었다.

영화를 보면서 어느새 공범이 되어버린 평범한 우리는 살리에리를 살인범이라고 몰아붙이기보다 변명해준다. 이 작품에서 살리에리는 특정한 캐릭터가 아니라 세상의 대부분을 차지하고 있는 보통 사람이었다. 영화에서 모차르트는 아무런 고뇌도 고민도 없이 순식간에 음악을 지어내는 천재다. 그러다 보니 모차르트는 상스러울 정도로 경박한 인물로 나온다. 작가 섀퍼는 어떤 자료에서도 모차르트가 고민하면서 작곡했다는 기록을 볼 수 없었다고 말했다.

살리에리는 모차르트와 대결하는 것이 아니라 경솔한 모차르트에게 천재적인 음악성을 준 신에게 저항하며 신을 모독하는 것이다.

영화 〈아마데우스〉는 천재를 신적인 존재로 그리면서 열정을 지녔으나 능력이 없어 고통 받는 평범한 사람들과 대비시키고, 그러한 고뇌를 할 수밖에 없는 보통 사람의 지지를 이끌어냈다.

그럼에도 영화를 보고 나면 이상한 여운이 남는다. 작가가 의도한 주제와 달리 작품 전반에 걸쳐 흐르던 스무 곡이 훌쩍 넘는 모차르트의 음악이 귓가에 맴돈다.

♪ 볼프강 아마데우스 모차르트, 〈아이네 클라이네 나흐트무지크〉 by Karl Böhm

고해성사를 받으러 온 신부가 고통스러워하는 살리에리 앞에서 자신도 모르게 슬며시 미소 지으며 모차르트의 곡조를 흥얼거리고는 무안해하는 장면이 특히 인상적이다. 신부가 흥얼거린 곡은 누구에게나 친밀한 〈아이네 클라이네 나흐트무지크〉Serenade No.13, G major, K.525다. '작은 세레나데'라는 제목의 이 곡은 쾨헬번호Köchel-verzeichnis 525로 모차르트가 오페라 〈돈 조반니〉의 2막을 쓰고 있던 1787년 8월 10일 빈에서 완성한 실내악이다.

모차르트와 살리에리의 전설을 소재로 천재와 창조의 문제를 다룬 작품의 원조는 살리에리가 세상을 떠나고 5년 뒤인 1830년 푸시킨이 쓴 짧은 비극 〈모차르트와 살리에리〉다.

모차르트와 살리에리
- A. 푸시킨 지음, 오종우 옮김

1막

방

살리에리

누구나 말하지, 지상에는 정의가 없다고.

그러나 높은 곳에도 정의는 없어.

그건 내게 기본 음계처럼 확실해.

나는 태어나면서부터 예술을 사랑했어,

어렸을 적 동네의 오래된 교회당에서

오르간 소리가 높게 울리면

나도 모르게 달콤한 눈물을 흘리며

정신없이 듣고 또 들었지.

애초부터 헛된 위락을 거부했고

음악과 무관한 학문을 외면했지.

그것들을 단호하고 오만하게 떨쳐내고

오직 음악에만 전념했어.

첫걸음은 어려웠고 첫 과정은 울적했지만

나는 처음의 실패를 극복하고
장인 정신을 예술의 주춧돌로 세웠어.
나는 장인이 되었지. 손가락들은
유연하고 건조하게 마음먹은 대로 뛰어다녔고,
귀는 정확하게 되었지. 소리들을 살해한 후
음악을 시체처럼 해부했어.
대수학으로 화성을 검사했어.
그때서야 숙련된 과학 안에서 창조의 몽상에
빠져들 수 있게 되었지.
나는 작곡을 시작했어, 아무도 모르게 조용히.
명예 같은 건 감히 생각하지도 않았고
때로는 조용한 작은 방에 이틀이고 사흘이고
틀어박혀 자지도 않고 먹지도 않은 채
영감의 희열을 느끼며 눈물을 흘렸다가
악보를 불태우고 냉정하게 바라봤지,
내가 만든 소리들과 생각이 불타서
가벼운 연기로 사라져가는 모습을.
무슨 말을 할 수 있을까. 위대한 글루크◆가 나와서
우리에게 새로운 비밀을 알려주었을 때
심오하고 황홀한 비밀들을,
나는 이전에 알았던, 그렇게 사랑했고
그렇게 뜨겁게 믿었던 것들을 모두 던져버리지 않았던가.
그러고는 불평하지 않고 씩씩하게 그를 따라가지 않았던가,
길을 잃은 사람이 거리에서 만난 사람을 따라가듯이.

◆ 크리스토프 글루크Christoph Willibald Gluck(1714~1787) 독일 작곡가, 오페라에서 극적
인 요소를 강화하는 혁신을 이뤘다.

긴장을 늦추지 않고 쉬지 않고 노력한 끝에
나는 드디어 무한한 예술 세계의
최고 단계에 도달하지 않았던가. 명예가
내게 미소 짓고, 나는 사람들의 가슴에서
나의 창작에 어울리는 화음을 찾아냈어.
행복했었지, 평화롭게
나의 작품과 성공, 명예를 누렸어. 그래,
우리 경이로운 예술 세계의 동료들이 만든
작품과 그들의 성공에도 나는 즐거워했었지.
결코! 결코 나는 질투를 해본 적이 없다고
아, 피치니♦가 미개한
파리 사람들의 귀를 사로잡았을 때도
〈이피게네이아〉의 첫 음절을
처음 들었을 때도 나는 결코 질투하지 않았다고.
아무도 이 자신만만한 살리에리가
하찮게 질투나 하는 자였다고,
사람들에게 짓밟히며 무기력하게
모래와 먼지나 핥고 사는 뱀이었다고 말하지 못하리.
아무도……! 그런데 이제, 내가 직접 말하지, 나는
질투하고 있다고. 나는 질투하고 있어, 아주 지독하게
괴롭도록 질투하고 있어. 오, 하늘이여,
대체 정의는 어디 있단 말인가!
신성한 재능이, 불멸의 천재가
뜨거운 사랑과 자기희생,

♦ 니콜로 피치니Niccolò Piccinni(1728~1800) 이탈리아 작곡가. 그리스 신화를 소재로 오페라 〈타우리스의 이피게네이아〉(1781)를 썼으며 파리 음악원 감독을 지냈다.

노력과 수고와 간절한 소망의

대가로 주어지지 않고

저 게으르고 방탕한 미치광이의 머리를

비추고 있다니……! 아, 모차르트, 모차르트!

모차르트

이런! 알아챘군! 하찮은 작품 하나

들려주고 싶어 왔는데.

살리에리

여기 있었나! 언제부터?

모차르트

조금 전에. 보여줄 게 있어서

그걸 가지고 자네한테 들렀다네.

그런데 말이야, 선술집 앞을 지나다가

바이올린 소리를 들었는데…… 아니, 이보게 살리에리!

이처럼 우스운 건 태어나서

처음 들어볼걸……. 아 글쎄 눈먼 악사가

선술집에서 〈보이 케 사페테〉♦를 켜더라니까. 놀랍지 않은가!

그래서 곧장 그 악사를 데리고 왔네.

그의 예술을 한번 들어보라고.

들어오시게!

(눈먼 노인이 바이올린을 들고 들어온다.)

모차르트 곡 중 아무거나 들려주시게

(노인이 〈돈 조반니〉의 아리아를 켠다.

모차르트, 큰 소리로 웃는다.)

♦ 이탈리아어 'voi che sapete'. 모차르트의 오페라 〈피가로의 결혼〉(1786) 2막에 나오
는 아리아 〈그대는 아시나요〉를 말한다.

살리에리

뭐가 그렇게 우스운가?

모차르트

아니, 살리에리!

정말 우습지 않나.

살리에리

전혀.

하찮은 페인트공이

라파엘로의 마돈나 그림에 아무렇게나 덧칠한다 해도 나는 우습지 않네.

무식한 익살꾼이

알리기에리◆를 무례하게 패러디한다 해도 나는 우습지 않아.

돌아가시오, 노인.

모차르트

잠깐, 이걸 받으시게.

내 건강을 위해 한잔하시오.

(노인, 퇴장한다.)

살리에리, 지금

자네 기분이 별로 좋지 않은 것 같군.

다음에 다시 오겠네.

살리에리

나에게 무엇을 가져왔다는 건가?

모차르트

아니야, 별거 아니야. 며칠 전 밤에

잠을 이루지 못해 뒤척이는데

두세 개의 악상이 떠오르지 않겠나.

◆ 단테 알리기에리Dante Alighieri(1265~1321).

오늘 그것들을 대충 써봤어.
자네 의견을 듣고 싶었는데, 그러나 지금은
나에게 신경 쓸 틈이 없나 보군.

살리에리

모차르트, 모차르트! 무슨 소린가
내가 자네한테 시간이 없다니. 앉게
들어보자고.

모차르트

(피아노 앞에 앉는다.)

상상해봐…… 누가 좋을까?
그래, 그냥 나를 떠올려봐도 좋겠군, 조금은 더 젊고
사랑에 빠져 있고, 심각한 사랑이 아니라 그냥 가벼운,
아름다운 여인, 아니면 친구, 그래 자네와 같은 친구가 곁에 있고
나는 유쾌하다네…… 그런데 갑자기, 무덤의 환영이
알 수 없는 암흑이, 또는 그런 뭔가가……
그럼, 들어보게.

(피아노를 친다.)

살리에리

자네는 이 곡을 나에게 가져오면서
선술집에 들러 눈먼 악사의
연주를 들을 수 있었나! 맙소사!
모차르트, 자네는 자기 자신을 그렇게 모르겠나.

모차르트

그렇다면 괜찮다는 얘기인가?

살리에리

아, 얼마나 심오한가!
저 대담하고 오묘한 화음!

모차르트, 자네는 신이야, 자넨 모르고 있지만
나는 알아, 나는.

모차르트

하! 정말인가? 글쎄…….
내 신성은 배고픈데.

살리에리

그렇다면 우리 함께 식사하러 가세,
선술집 황금사자로.

모차르트

그럴까.
좋아, 얼른 집에 다녀오겠어.
아내에게 식사 때 기다리지 말라고
말해야겠네.

(퇴장한다.)

살리에리

기다리지, 이따가 보세.
아니야! 나는 내 운명을,
내 의무를 거역할 수 없어. 나는
저자를 제거하도록 선택받았어.
그렇지 않으면 우리 모두는
음악을 섬기는 사제들인 우리 모두는 파멸하고 말거야.
나 하나만 허망한 명예로 파멸하는 게 아니야…….
모차르트가 살아서 새로운 경지에
오른다 해도, 그게 무슨 소용 있겠는가?
그가 예술을 높일 수 있을까? 천만에.
그가 사라지면 예술은 다시 퇴보할 거야.
그만 한 후계자가 나올 수 없으니까.

대체 그가 무슨 소용 있겠는가? 게루빔[♦]처럼
천상의 노래를 몇 곡 우리에게 가져다주었지만
먼지의 자식들인 우리에게 날개 없는 갈망만
일으키고 날아가버릴 텐데!
그러니 날아가버려라! 빠를수록 좋다.
이 독약, 이조라^{♦♦}의 마지막 선물이었지.
18년 동안 나는 이것을 간직해왔어.
그동안 삶은 내게 견딜 수 없는
상처와 같았고, 나는 자주
태평한 적과 한 식탁에 마주 앉았지만
유혹의 속삭임에 결코
휘둘리지 않았어. 겁쟁이여서 그랬던 게 아니야.
큰 모욕을 느낄 때도
살고 싶지 않을 때도, 주저하기만 했지.
죽음의 충동으로 괴로울 때면
나는 생각했어, 왜 죽으려고 하는가. 어쩌면 삶은
뜻밖의 선물을 가져다줄지 모르는데.
어쩌면 환희와 창조의 밤과
영감이 나를 찾아올지도 모르는데.
어쩌면 새로운 하이든이 위대한 작품을
작곡해 그 곡을 맛볼 수 있을지 모르는데.

♦   Cherubim. 지품천사를 가리킨다.

♦♦   Izora. 살리에리 주변에 실제로 이조라라는 이름의 인물은 없었다. 푸시킨이 창작해 낸 가상의 여인으로, 이 희곡 이후 러시아 문학에서 광기의 여인으로 나온다. 특히 20세 기의 시인 아르세니 타르콥스키Arsenii Tarkovskii(1907~1989, 영화감독 안드레이 타르콥스키의 아버지)는 〈빈의 눈 내리는 밤〉(1983)이라는 시에서 푸시킨의 〈모차르트와 살리에리〉를 모 티프로 사용하면서 이조라를 모차르트가 마신 독을 제조한 광기의 악녀로 그리고 있다.

가증스러운 손님에게 연회를 베풀 때면
나는 생각했지, 어쩌면 아주 사악한 원수를
만날지도 모른다. 어쩌면 가장 사악한 모욕이
오만한 천상에서 나를 향해 떨어질지 모른다.
그때에 너, 이조라의 선물이 필요할 거다.
내가 옳았어! 드디어 나는
내 원수를 만났어, 새로운 하이든이
나를 엄청난 희열에 젖어들게 했어!
지금이다! 사랑이 남긴 선물아,
오늘 우정의 잔으로 들어가라.

2막

(선술집의 별실. 피아노가 있다.
모차르트와 살리에리가 식탁에 마주 앉아 있다.)

살리에리

오늘 어쩐지 우울해 보이는군.

모차르트

내가? 그렇지 않네!

살리에리

모차르트, 자네에게 무슨 일이 있는 게 틀림없어.
맛있는 음식, 훌륭한 포도주,
그런데 아무 말 없이 얼굴을 찡그리고 있으니.

모차르트

말하지,
내 레퀴엠이 나를 불안하게 한다네.

살리에리

아!

레퀴엠을 작곡하고 있었나? 오래되었나?

모차르트

음, 3주 정도 되었다네. 그런데 이상한 일이……

자네에게 말하지 않았던가?

살리에리

말하지 않았네.

모차르트

그럼 들어보게,

3주 전 일이었어, 그날 나는 집에

늦게 들어갔지.

그런데 누군가 나를 찾아왔었다고 하더군.

무슨 일 때문인지 알 수는 없었어.

밤새 생각했어, 누가 왔을까?

나에게 무슨 볼일이 있는 거지?

그다음 날도 그 사람이 찾아왔지만

또 만나지는 못했어.

3일째 되던 날 마루에서

어린 아들과 놀고 있는데, 나를 부르더군.

나가봤지. 검은 옷을 입은 남자가

정중하게 고개를 숙여 인사하고는

내게 레퀴엠 작곡을 주문하고는 사라졌어.

나는 곧바로 앉아 작곡하기 시작했지.

그 이후로 검은 옷을 입은 남자는

나를 찾아오지 않았어.

나는 기뻤지, 레퀴엠이 이미 완성됐지만

내 작품과 헤어지는 게

서운했거든. 그런데…….

살리에리

왜 그러나?

모차르트

부끄러운 말이지만…….

살리에리

무슨 이야기인데?

모차르트

그 검은 옷의 남자가 밤이고 낮이고
나를 불안하게 만든다네. 내 뒤를 항상
그림자처럼 따라다니고 있어. 지금도
그자가 우리 사이에 앉아 있는 것만 같아.

살리에리

그만하게! 어린애같이 무서워하다니.
황당한 생각은 잊어버리게. 보마르셰♦가
나에게 이런 말을 하곤 했지, '이봐, 살리에리,
어두운 상념이 떠오르면
샴페인 병을 따는 거야,
아니면《피가로의 결혼》을 다시 읽으라고.'

모차르트

맞아! 보마르셰는 자네 친구였지.
자네는 그를 위해 〈타라르〉♦♦를 작곡해주었지.
멋진 작품이야, 이런 멜로디가 떠오르는군……

♦ 피에르 오귀스탱 카롱 드 보마르셰Pierre Augustin Caron de Beaumarchais(1732~1799) 프랑스 극작가. 모차르트는 보마르셰의 희곡《미친 하루 혹은 피가로의 결혼》(1784)을 바탕으로 오페라 〈피가로의 결혼〉(1786)을 썼다. 보마르셰는 세 번 결혼했는데, 첫 번째 아내가 결혼 후 10개월 뒤, 두 번째 아내가 결혼 후 2년 뒤 석연치 않은 이유로 죽고 곧바로 세 번째 여인과 결혼했다. 그러자 보마르셰가 두 여인을 독살했다는 소문이 돌았다.

행복할 때면 나는 항상 그 선율을 웅얼거린다네……
라 라 라 라……. 그런데, 살리에리, 보마르셰가
사람을 독살했다는 게 사실인가?

살리에리

아닐 거야, 그는 그런 일을 저지르기에
너무 우스운 사람이거든.

모차르트

그는 천재야,
자네나 나처럼. 천재와 악행,
이 둘은 공존할 수 없지. 그래야 정의롭지 않은가.

살리에리

그렇게 생각하나?

(모차르트의 잔에 독을 붓는다.)

자, 들게.

모차르트

친구여, 자네의 건강을 위하여,
화성의 두 아들
모차르트와 살리에리를 이어주는
진실한 우정을 위하여.

(마신다.)

살리에리

잠깐,
잠깐, 잠깐……! 다 마셔버렸나……! 나를 놔두고?

모차르트

(냅킨을 식탁에 던진다.)

◆◆ 보마르셰가 쓴 대본에 살리에리가 곡을 붙인 오페라. 1787년 파리에서 초연됐다.

잘 먹었네, 배가 부르군.

(피아노로 다가간다.)

들어보게, 살리에리

나의 레퀴엠이라네.

(연주한다.)

울고 있는 건가?

살리에리

내가 이렇게 눈물을 흘리는 건

처음이네. 괴로우면서도 즐겁다네.

무거운 빚을 다 갚은 것처럼

메스로 아픈 부위를

도려낸 것처럼! 나의 모차르트, 이 눈물은……

아니 마음 쓰지 말고, 계속해, 어서

내 영혼을 소리로 가득 채워줘…….

모차르트

모든 사람이 이처럼 화성의 힘을

느낄 수 있다면! 아니 안 되지, 그러면

세상은 존재할 수 없을 거야. 누구나

저급한 세속의 일들을 염려하지 않고

자유로운 예술에 몰두하려 들 테니까.

우리 선택받은 자들, 경멸스러운 효용을 무시하는

만사태평한 행운아들,

아름다움만을 섬기는 사제들은 적을 수밖에.

그렇지 않은가? 그런데 오늘 몸이 좋지 않은가 봐.

힘이 드는군. 돌아가서 자야겠어.

잘 있게나!

살리에리

잘 가게.

(혼자)

자네는 오랫동안

잠이 들 거야, 모차르트!

그의 말이 옳은 건 아닐까?

그렇다면 나는 천재가 아닌 건가?

천재와 악행, 이 둘은 공존할 수 없다고?

틀렸어. 부오나로티◆는 어땠는데?

멍청한 대중이 지어낸 말일까,

바티칸의 창조자는

살인자가 아니었던가?

−막−

◆ 미켈란젤로 부오나로티는 59세 때 로마에 정착해 건축을 한다. 교황의 주문을 받고 캄 피돌리오 광장을 정비하고 도시 계획을 짰으며 성 베드로 성당을 개축하고 돔을 설계했 다. 그는 조각 작업도 계속했는데, 십자가에 못 박힌 그리스도를 실감나게 묘사하려고 모 델을 살해했다는 소문이 돌았다.

규범에 갇힌 자의 비극

푸시킨의 〈모차르트와 살리에리〉는 섀퍼의 《아마데우스》와는 다른 테마를 다루고 있다. 작품의 길이는 짧지만 주제는 더 깊다.

언뜻 보면 〈모차르트와 살리에리〉에서도 살리에리가 모차르트의 악곡이 자기 작품보다 더 뛰어나서 그를 질투한다고 생각하기 쉽다. 은연중에 남이 더 잘되는 꼴을 공연히 깎아내리려는 심리가 당연히 살리에리에게도 있을 것이라고 보는 거다. 그러나 이 작품의 살리에리는 더 나은 음악을 시샘하는 인물이 아니다. 그에게는 오히려 늘 더 뛰어난 작곡가가 필요했다. 살리에리가 이렇게 말했다.

> 위대한 글루크가 나와서 우리에게 새로운 비밀을 알려주었을 때 심오하고 황홀한 비밀들을, 나는 이전에 알았던, 그렇게 사랑했고 그렇게 뜨겁게 믿었던 것들을 모두 던져버리지 않았던가. 그러고는 불평하지 않고 씩씩하게 그를 따라가지 않았던가, 길을 잃은 사람이 거리에서 만난 사람을 따라가듯이.

살리에리는 수련의 작곡가이기 때문에 곡조의 전범이 될 교과서가 필요했다. 어린 시절 동네 오르간 소리에 반해 음악가가 되기로 결심한 그는 긴 기간 오로지 작곡 공부에만 전념했고 어느 정도 작곡에 자신이 붙은 뒤에야 작품을 썼다. 그는 홀로 작은 방에 틀어박혀 잠도 자지 않고 식음도 전폐한 채 각고의 노력으로 곡을 썼다. 그렇게 완성된 곡이라도 부족하다고 판단하면 조금도 망설이지 않고 불태워버렸다. 살리에리는 무척이나 엄격한 작곡가였다. 그는 작품의 수준을 높이기 위해서 늘 더 뛰어난 작곡가의 음악을 모범으로 삼아 공부했다. 글루크도 피치니도 하이든도 그에게는 훌륭한 교사였다. 그러다가 모차르트를 만나 그의 월등한 음악에 매료된다. 살리에리는 모차르트 역시 자신보다 나은 작품을 창작하는 작곡가라는 점을 인정한다. 그는 자기도취에 빠지지 않고 음악을 듣고 평가할 수 있는 능력을 지니고 있는 것이다.

그런데 왜 이번에는 그가 모차르트를 질투하고 끝내 독살까지 했을까. 자기 음악을 갱신하는 교재로 삼지 않고. 그 이유는 살리에리가 예술을 이해하는 방식에 있다. 살리에리는 음악을 학습을 통해 얻을 수 있는 예술로 여겼다. 그래서 그는 끈기를 가지고 작곡을 배웠다.

소리들을 살해한 후 음악을 시체처럼 해부했어. 대수학으로 화성을 검사했어. 그때서야 숙련된 과학 안에서 창조의 몽상에 빠져들 수 있게 되었지.

살리에리는 모차르트 음악을 뛰어나다고 인정하면서도 글루크나 피치니의 작품과 달리 전범으로 삼을 수 없었다. 그가 모차르트의 악곡을 일정한 공식으로 도무지 만들 수 없었기 때문이다.

살리에리는 자신이 알 수 없는 질서가 있다는 점에 절망한 것이다. 달리 말해 살리에리는 규범 안에 갇혀 있기 때문에 규범을 넓히는 창의성을 발휘하지 못한다. 음악을 엄격하게 재단하는 그는 기실 글루크를 통해 기준을 확대했던 것이 아니라 글루크를 자기 범주 안에 들여놨던 것이다.

살리에리는 예술을 개념으로만 이해한다. 그래서 그가 예술에 관해 언급하는 말들은 자주 당착에 빠진다. 이를테면 "나는 드디어 무한한 예술 세계의 최고 단계에 도달하지 않았던가"라고 자랑한다. 예술 세계가 무한하다면서 그것의 최고 단계 즉 한계를 언급하고 있다. 예술을 논리적으로 규정하다가 비논리에 빠지는 모습이다.

규칙에 얽매인 인물이다 보니 살리에리에게 여유가 없다. 그는 모차르트가 던지는 농담을 농담으로 받아들이지 못하고 진지하게 대꾸한다.

모차르트 아니, 살리에리! 정말 우습지 않나.

살리에리 전혀. 하찮은 페인트공이 라파엘로의 마돈나 그림에 아무렇게나 덧칠한다 해도 나는 우습지 않네. 무식한 익살꾼이 알리기에리를 무례하게 패러디한다 해도 나는 우습지 않아. 돌아가시오, 노인.

모차르트 잠깐, 이걸 받으시게. 내 건강을 위해 한잔하시오.

살리에리는 여유가 없어 개념으로 도식화되지 않는 나머지를 용납하지 못한다. 이 폭력성이 필연적으로 살인을 낳는다.

결국 살리에리는 자신이 도저히 포착할 수 없는 곡조를 짓는 모차르트를 신이라고 본다. 모차르트가 1장에서 최근 작곡한 "하찮은 작품"을 연주하자 살리에리가 탄복한다. "자네는 신이야!" 그러자 모차르트는 자신을 지나치게 높여 신이라고 말하는 살리에리에게 겸손하게 농담으로 받아친다. "정말인가? 글쎄……. 내 신성은 배고픈데." 그러나 모든 것을 진지하게만 대하는 살리에리는 모차르트의 가벼운 응대를 큰 모욕으로 받아들였다.

살리에리는 끝내 18년 동안 자살할 때 쓸지 타살할 때 쓸지 고민하며 가지고 있던(이것도 살리에리의 성품을 보여준다) 이조라의 마지막 선물인 독약을 꺼내 외친다. "내가 옳았어!" 독살을 정당화하고 있다.

예술을 위해 예술가를 죽이다

이 작품에서 과연 모차르트는 천부적으로 음악의 재능을 타고난 신적인 존재일까. 그렇게 보는 것은 살리에리의 관점에 따른 것이다. 사실 모차르트도 '불면의 밤'을 보내면서 작곡을 한다. 살리에리처럼 적나라하게 작곡의 고뇌를 드러내지 않을 뿐이지 모차르트도 힘들여 음악을 만든다.

〈모차르트와 살리에리〉가 공연되는 무대를 상상해볼 필요가 있다. 희곡은 언제나 행동으로 모든 의미를 표출한다. 무대에서는 아무리 거창한 개념이라도 구체적인 행위로 표현돼야 한다.

〈모차르트와 살리에리〉는 음악을 통해 예술이란 무엇인지 말해준다. 두 명의 작곡가 살리에리와 모차르트가 직접 무대에 등장한다. 살리에리는 끊임없이 말을 하지만 그의 말은 구체화되지 못하고 자꾸 흩어진다. 그가 작곡을 개념으로만 이야기하기 때문이다. 또한 욕망이 살리에리를 지배하고 있기 때문이다. 욕망이란 어떤 대상을 강하게 탐하는 마음이고 이는 그 대상을 그가 가지고 있지 못함을 뜻한다. 그러니 살리에리가 말하는 음악은 추상적일 수밖에 없다. 그는 예술을 말로만 떠든다.

반면 모차르트는 음악을 말하지 않는다. 그는 오로지 피아노를 칠 뿐이다. 2장으로 이뤄진 짧은 극에서 모차르트는 1막에서 한 번, 2막에서 또 한 번 직접 피아노를 연주한다. 짧은 극에서 피아노 소리가 차지하는 분량이 큰 것이다. 눈먼 악사의 연주까지 더한다면 더 커진다.

(피아노 앞에 앉는다.) 상상해봐…… 누가 좋을까? 그래, 그냥 나를 떠올려봐도 좋겠군, 조금은 더 젊고 사랑에 빠져 있고, 심각한 사랑이 아니라 그냥 가벼운, 아름다운 여인, 아니면 친구, 그래 자네와 같은 친구가 곁에 있고 나는 유쾌하다네…… 그런데 갑자기, 무덤의 환영이 알 수 없는 암흑이, 또는 그런 뭔가가…… 그럼, 들어보게. (피아노를 친다.) [1막]

(냅킨을 식탁에 던진다.) 잘 먹었네, 배가 부르군. (피아노로 다가간다.) 들어보게, 살리에리. 나의 레퀴엠이라네. (연주한다.) 울고 있는 건가? [2막]

특히 2막의 연주는 독약을 마신 모차르트를 위한 레퀴엠으로 들린다. 작곡가에게 중요한 것은 음악에 대한 개념어가 아니라 음악 자체다. 모차르트의 피아노 소리는 살리에리의 독한 독백으로 답답했던 무대를 틔워 새 공간을 창출한다.

그러나 끝내 살리에리는 예술을 위해 예술가를 죽인다는 지독한 역설을 외친다.

> 나는 저자를 제거하도록 선택받았어. 모차르트가 살아서 새로운 경지에 오른다 해도, 그게 무슨 소용 있겠는가? 그가 예술을 높일 수 있을까? 천만에. 그가 사라지면 예술은 다시 퇴보할 거야. 그만 한 후계자가 나올 수 없으니까. 우리에게 날개 없는 갈망만 일으키고 날아가버릴 텐데! 그러니 날아가버려라! 빠를수록 좋다.

예술을 위한다는 명분으로 예술가를 죽이는 역설은 예술가의 말일 수 없다. 이 독설은 권력을 탐하는 자만이 할 수 있는 말이다. 역사적으로 권력을 쥔 자들이 기득권을 누리기 위해 블랙리스트를 작성해 예술가들을 제거하는 일을 자행해왔다. 나치스가 특히 그랬다. 그래서 우리는 예술이란 무엇인지 알 수 있다.

예술은 규범에 억눌린 생명을 살리는 작업이다. 예술작품이 새 질서를 창조하기 때문이다. 모차르트의 피아노 소리는 이 사실을 관객에게 체험하게 해준다.

천재성의 반대어는

살리에리는 단호한 듯하지만 인생의 가치는 스스로 판단하지 못하는 모순된 캐릭터다. 처음에 살리에리는 과감하게 정의를 재단한다. "높은 곳에도 정의는 없어. 그건 내게 기본 음계처럼 확실해." 그러면서 그는 모차르트를 독살하는 끔찍한 행동을 서슴지 않는다. 그러나 사실, 인생의 가치에 대해 더 확고한 입장을 보여주는 인물은 모차르트다.

　　천재와 악행, 이 둘은 공존할 수 없지. 그래야 정의롭지 않은가.

　모차르트는 작품 전체에 걸쳐 자기주장을 내세우지 않지만, 이 부분, 천재와 악행의 관계에 관해서는 아주 엄격하게 판단을 내놓는다. 그는 천재는 결코 악하지 않고 그것이 정의라고 강조한다.
　살리에리는 이 판단에서는 어물어물 망설이기만 한다. 이 문제가 왜 정의와 관련돼야 하는지도 헷갈려한다. 막이 내리기 직전 그는 말을 더듬으며 변명까지 늘어놓는다.

　　그의 말이 옳은 건 아닐까? 그렇다면 나는 천재가 아닌 건가? 천재와 악행, 이 둘은 공존할 수 없다고? 틀렸어. 부오나로티는 어땠는데? 멍청한 대중이 지어낸 말일까, 바티칸의 창조자는 살인자가 아니었던가?

　미켈란젤로 부오나로티도 모차르트와 더불어 예술사에서 천재로 불리는 인물이다. 그의 뛰어난 작품에 놀란 사람들이 여러 소문을 늘어놓았다. 특히 〈피에타〉의 생생함 때문에 그가 실제로 모델을 살해하고 그 모습을 보며 조각했다는 소문도 돌았다. 살리에리가 이

풍문을 들먹이며 자기 행동을 합리화하려고 든다.

천재와 악행은 각기 미학과 윤리라는 다른 영역에 속하기 때문에 논리적으로 연결되지 않는다. 살리에리는 상이한 범주에 있는 천재와 악행을 묶으려다 혼란에 빠졌다. 미학과 윤리의 관계는 선택 사항이며 따라서 선택하는 자의 의지 즉 주체적 판단과 실천이 중요하다.

천재성은 서로 다른 범주를 아울러서 새로운 해석을 내놓는 능력이기도 하다. 기계적인 정신을 가진 사람은 이질적인 요소들을 화합할 줄 모른다. 그런 사람은 산술적인 계산만 해서 창의적인 인생을 살지 못한다.

살리에리는 작곡을 익힐 때 보였던 태도처럼 인생도 주어진 기준에 따라 사는 인물이다. 그는 스스로 판단해야 하는 문제를 만나면 늘 머뭇거리며 망설였다. 그 모습은 모차르트의 주체성과 대조돼 부각된다.

천재는 창조하는 존재다. 천재는 모방자가 아니다. 그동안 우리가 밝혔듯이 예술 역시 현실의 모방이 아닌 것처럼 말이다. 진짜 예술가를 천재라고 부르는 말은 신비주의에 빠진 표현이 아니다. 창조의 반대편에 모방이 있고 천재의 상대어는 노예다. 주인의 반대말이 노예이기도 하다. 살리에리는 늘 모방하여 작곡했다.

천재genius라는 단어는 라틴어 게니우스에서 나왔다. 고대 로마 신화에서 게니우스는 모든 개개인에게 깃든 수호신이다. 그래서 게니우스는 신이면서도 각 개인이 죽으면 함께 소멸하는 존재다. 신이면서 죽는다는 점이 흥미롭다. 그렇다면 그 뜻은 개개인 모두에게 신적인 속성이 내재해 있다는 말이 된다. 인간은 모두 자기 삶의 주인으로서 인생을 창조하며 살아가는데, 그 창조적 특성을 고대 로마 신화는 게니우스라는 신성으로 설명하고 있는 것이다. 그래서 게니우스는 신이면서도 복수형을 더 많이 써 사전의 표제어로도 게니이 genii가 올라 있다. 단순히 신화에 나오는 신이라면 유일한 존재여야 할 텐데, 게니우스는 각 사람을 존속시키는 영적인 힘을 의미하기 때문에 주로 복수형으로 쓰인다. 사람은 창조적인 자세를 취하고 살아야 진정으로 사람답다는 말이다. 천재의 어원에는 신 중심의 사고가 아니라 인간의 가능성을 뜻하는 사유가 담겨 있다.

푸시킨도 〈모차르트와 살리에리〉에서 천재성을 인격의 자율성으로 봤다. 푸시킨이 모차르트를 신격화하고 우상화하려고 천재라고 표현한 것은 아니다. 푸시킨은 예술 창작의 주체인 인간의 본성을 통찰하고 있었다. 그래서 모차르트는 노예적인 성향의 살리에리에게만은 도저히 도달할 수 없는 존재였던 것이다.

이 희곡에서 살리에리가 질투하는 모차르트의 작품은 〈돈 조반니〉다.

모차르트의 죽음과 삶

모차르트에게 익명의 사내가 찾아와 레퀴엠 작곡을 의뢰한 일은 사실이다. 모차르트의 아내 콘스탄체의 증언에 따르면 1791년 8월 초 어떤 심부름꾼이 한 편지를 들고 모차르트를 방문했다. 미지의 후원자가 모차르트에게 레퀴엠 작곡을 위촉하는 편지였다. 경제 사정이 무척 곤란했던 모차르트로서는 거절할 수 없는 제안이었다. 모차르트는 곧바로 작곡을 시작했다. 레퀴엠이 대위법의 정수였기에 그는 더 혼신을 다해 작곡한다. 신비의 편지를 받고 넉 달 뒤 1791년 12월 5일 새벽 모차르트는 갑자기 쓰러져 미완의 레퀴엠을 남기고 세상을 떠나고 만다.

천재로 불리던 작곡가의 갑작스러운 죽음은 많은 사람을 당황케 했다. 모차르트가 죽은 이를 위한 진혼곡을 쓰다 세상을 떠났으니 여러 추측이 난무했다. 35세로 요절한 천재 음악가의 미스터리는 소문에 소문을 불렀다.

모차르트 음악을 아끼는 역사학자 피터 게이Peter Gay(1923~2015)는 여러 사료를 꼼꼼하게 검토해서 평전《모차르트》(1999)를 내놓았다. 이 책에서 역사학자는 모차르트의 죽음을 둘러싼 소문의 진상을 밝히고 있다.

모차르트에게 레퀴엠 작곡을 의뢰한 위촉자는 발제크 백작이라는 자였다. 그는 이미 몇몇 음악가에게 은밀히 작곡을 의뢰하고는 그 곡을 자기 작품이라고 개인 연주회에 내놓았던 파렴치한이었다. 발제크는 1791년 초 아내가 죽자 아내에게 헌정하고자 모차르트에게 몰래 레퀴엠을 의뢰했다고 한다. 부유한 음악 애호가의 치졸한 수작이었던 셈이다.

　모차르트는 오랫동안 류머티즘을 앓고 있었다. 당시 전통적인 류머티즘 치료법은 피를 뽑아내는 방법이었다. 살균도 되지 않는 도구로 피를 뽑는 바람에 패혈증으로 모차르트가 사망에 이르렀다고 본다. 워낙 허약한 체질의 모차르트가 류머티즘에 패혈증까지 겹쳐 팔다리가 붓고 고열이 나자 독살로 오인한 것이다. 모차르트의 아내는 살림도 어렵고 빚마저 지고 있던 터라 따로 장례식을 치르지 못하고 모차르트를 공동묘지에 묻었다.

　역사학자의 설명이 정확하다고 해도, 여러 정황을 살펴보면 살리에리의 모차르트 살해 소문을 완전히 무시하기 어렵다는 생각이 든다.

　살리에리는 베네치아에서 음악 공부를 하다 오페라 작곡가 플로리안 가스만Florian Leopold Gassmann(1729~1774)의 주목을 받아 1766년 열여섯 살에 오스트리아 빈으로 이주한다. 이후 그는 궁정작곡가가 되고 황제 요제프 2세의 총애를 받아 1788년에 카펠마이스터Kapellmeister에 오른다. 살리에리는 세상을 떠나기 전해인 1824년까지 카펠마이스터 직위에 있었다. 카펠마이스터는 궁정음악의 작곡과 지휘뿐 아니라 행정까지 모든 분야를 총감독하는 직책이다.

　한편 모차르트는 음악 신동으로 알려져 있지만 잘츠부르크에서 빈으로 1781년 스물다섯 살 때 건너와 1787년 서른한 살에야 빈의 궁정 실내악 작곡가Kammercompositeur 지위를 받는다. 실내악 작곡가는 궁정음악계의 한직으로, 모차르트는 살리에리의 감독 아래 놓여 있었다.

1787년은 모차르트가 아버지를 여의고 심각한 경제난을 겪던 해다. 전작 오페라 〈피가로의 결혼〉이 1786년 5월 1일 빈에서 초연됐으나 9회 공연에 그쳤다. 그런데 그해 12월 〈피가로의 결혼〉이 프라하에서 큰 성공을 거두며 모차르트는 새 오페라를 의뢰받는다. 잠시 숨을 돌리는가 싶었는데 이듬해 1787년 5월 아버지가 세상을 떠난다. 이즈음 모차르트는 고리대금을 빌려야 할 정도로 궁핍했다.

작곡가였던 모차르트의 아버지 레오폴트 모차르트Johan Georg Leopold Mozart(1719~1787)는 세상을 떠나기 직전 1787년 4월 18일 모차르트의 다섯 살 위 누이인 딸 난네를Nannerl에게 살리에리가 프라하에서 성

요한 네포무크 델라 크로체, 〈모차르트 가족의 초상〉, 1780

공을 거둔 〈피가로의 결혼〉을 다시 빈에 오르지 못하게 방해하고 있다고 걱정하는 편지를 보냈다.

카펠마이스터인 살리에리가 가난하고 건강도 좋지 않은 동료 작곡가 모차르트를 배려하기는커녕 견제하여 더 곤란하게 만들고 있지 않나 의심을 사기에 충분한 일이 또 벌어진다. 1787년 가을 모차르트는 각고의 작업 끝에 새로 의뢰받은 오페라 〈돈 조반니〉를 마친다. 〈돈 조반니〉는 1787년 10월 29일 프라하 노스티츠 국립극장에서 초연돼 대성공한다. 그러나 빈의 1788년 5월 7일 공연은 혹평을 받으며 실패했다.

푸시킨은 〈모차르트와 살리에리〉를 발표하고 이런 글을 남겼다. "〈돈 조반니〉가 빈에서 초연되던 날 살리에리가 빈정거리며 극장에서 나가버렸다고 들었다. 〈돈 조반니〉를 조롱할 수 있는 질투자라면 얼마든지 그 창작자를 독살할 수도 있다."

〈돈 조반니〉는 여러 찬사를 들은 뛰어난 작품이다. 요한 볼프강 폰 괴테Johann Wolfgang von Goethe(1749~1832)는 〈돈 조반니〉를 듣고 인간 본성을 깊게 통찰한 작곡가라고 모차르트를 평가했다. 괴테는 덧붙여 모차르트가 살아 있었다면 자신의 《파우스트》에 곡을 붙여줬을 텐데 하고 아쉬워했다. 덴마크의 철학자 쇠렌 오뷔에 키르케고르Søren Aabye Kierkegaard(1813~1855)도 방탕한 바람둥이를 그린 듯한 〈돈 조반니〉를 호메로스Homeros의 〈일리아드〉를 뛰어넘는 명작으로 꼽으며 영혼을 풍요롭게 해준다고 평가했다. 그런 〈돈 조반니〉가 당시 빈에서는 무시당했다. 그곳에 살리에리가 있었다.

〈돈 조반니〉의 생명력

　　　　　객석의 조명이 서서히 꺼지자 오케스트라 피트의 보면대를 밝힌 작은 등이 선명해진다. 지휘자가 지휘봉을 높이 들었다 단호하게 내려 긋는다. 그러자 오케스트라의 웅장한 화성이 울린다. 무대의 막은 아직 올라가지 않은 채 오페라 〈돈 조반니〉의 서곡이 한동안 극장을 흔든다.

♪　　볼프강 아마데우스 모차르트, 〈돈 조반니〉 서곡 by Manfred Honeck

　〈돈 조반니〉의 서곡은 멜로디가 아니라 화성으로 시작한다. 여러 악기가 일제히 내지르는 화성은 불시에 객석을 덮치는 듯하다. 라단조의 화성은 장중하지만 어딘지 의젓하지는 않다. 곧이어 제1바이올린 소리가 화성 사이로 높이 솟구쳐 코믹한 느낌마저 준다. 작품의 전조를 담은 놀라운 곡이다.

　서곡은 빠르고 경쾌한 바장조로 급하게 조옮김해 성급한 발걸음을 연상케 한다. 곧이어 무대의 막이 오르고 돈 조반니의 하인 레포렐로가 신세 한탄을 하며 걸어 나온다. 이 오페라에서 바람둥이 돈 조반니는 여자들을 유혹하고 많은 여인이 그의 매력에 빠진다. 그리고 마지막 장면, 석상이 등장한다. 석상은 돈 조반니를 심판하고 저세상으로 끌고 간다. 이 오페라를 단순히 바람둥이를 처벌하는 권선

징악의 주제로도 해석할 수 있다. 그런데 돈 조반니는 끝까지 굴복하지 않는다.

석상이 걷는다면 어떨까 상상해본다. 돌로 조각된 거대한 인간의 형상이 걸으면 기세가 당당하고 위엄이 있을까. 너무 무거워 어딘지 부자연스럽지 않을까. 무거워 뒤뚱뒤뚱 걷는 석상의 걸음걸이는 어색하고 코믹할지도 모르겠다. 석상이 등장하는 마지막 장면에 서곡이 다시 연주된다.

서곡의 첫 울림은 무게 잡은 사람이 우스꽝스럽게 보이는 오페라의 내용을 담고 있다. 석상은 근엄하게 나타났지만 리듬에 맞춰 걷자니 허둥대야 했다. 모차르트는 음악으로 자연스럽지 못한 엄숙함을 무기력하게 만들어 삶의 활력을 살려냈다.

돈 조반니는 규범에 얽매이지 않고 자유의지로 행동하는 인물이다. 그러한 면을 재미있게 표현하려고 바람둥이로 그렸다. 많은 여인들이 돈 조반니의 매력에 끌린다. 레포렐로가 수첩을 꺼내들고 주인 돈 조반니의 바람기를 폭로하며 부르는 일명 '카탈로그 송' 아리아는 익살스럽기까지 하다.

목록은 이렇답니다. 나리가 사랑한 미녀들의 리스트. 내가 이 목록을 작성했지요. 보실까요, 나와 함께 읽어보죠. 이탈리아에서 640명, 독일은 231명, 프랑스는 100명, 터키는 91명, 그리고 스페인에는 1000명에 3명이 더 있답니다.

원작 대본만을 보면 돈 조반니는 황당한 바람둥이다. 모차르트는 대본의 의미를 음악의 힘으로 바꾼다. 음악으로 들으면 돈 조반니는 생명을 살리는 요소다. 영혼을 탐구하는 철학자 키르케고르에게 모차르트의 〈돈 조반니〉는 훌륭한 예시였다. 키르케고르는 〈돈 조반니〉가 영혼을 풍요롭게 하는 작품이라고 찬사를 보내면서 대본이 아닌 음악으로 그 본질을 봐야 한다고 강조한다.

돈 조반니가 다른 인물들 속에서도 생동하는 힘을 가지고 있다는 것이 이 오페라의 비밀이다. 돈 조반니의 삶은 다른 인물들 속에 깃들어 있는 생활 원리다. 그의 정열은 도처에서 반향을 일으킨다. 그는 캐릭터가 아니라 본질적인 삶 자체이기 때문에 절대적으로 음악적이다. 이 오페라에 나오는 다른 인물들도 캐릭터가 아니라 본질적으로 돈 조반니에 의해서 규정된, 또 그래서 음악이 되는 정열이다. 이 오페라에서 절대적인 중심이 되는 것은 돈 조반니의 음악적인 생명력이다. 그 음악적인 것이 오페라 안에 편재해 있는 것이다.

카탈로그 송이 읊는 여인들의 숫자는 실제적이지 못해 익살스럽다. 그러나 이를 다르게 본다면 돈 조반니로 인해 삶의 활력을 얻고 영감을 받은 사람들이 그렇게 많다는 뜻으로 들린다. 어떤 사람을 만나면 활력이 일기는커녕 거부감이 생긴다. 잔소리처럼 규범을 강요한다면 아무리 좋은 규범이라도 그가 하는 말을 물리치고 싶어진다. 오페라에서 돈 조반니를 비난하는 인물들도 본심으로는 그를 부러워했다. 레포렐로도 돈 조반니의 행적을 야유하면서 은근히 그의 자유로운 행동을 동경한다. 그래서 은밀하게 돈 조반니의 행동을 흉내 낸다. 살리에리도 그랬다. 그는 모차르트를 부러워하면서도 규칙의 인물인지라 도저히 모차르트를 따라갈 수가 없었다.

이때 석상이 쿵쿵 등장한다. 그리고 돈 조반니를 저세상으로 끌고 간다. 순간 살리에리는 마음을 들킨 듯했을 것이다. 오페라를 보다가 살리에리도 석상이 돈 조반니를 끌고 간 것처럼 모차르트를 제거하고 싶었다.

살리에리는 돈 조반니에 모차르트를 겹쳐봤다. 적어도 음악을 들을 줄은 알았기에 살리에리에게 〈돈 조반니〉는 자신을 모욕하는 소리로 들렸다.

예술의 가치는 죽음 속의 삶에 있다. 예술은 독단적인 규범에 갇힌 생명을 새로운 개념으로 살린다. 당시 살리에리의 작품은 모차르트의 곡보다 더 많이 연주됐다고 한다. 그러나 규칙에 갇힌 살리에리의 악곡은 19세기 중반부터 점차 레퍼토리에서 사라져갔다. 반면, 모차르트의 음악은 차차 인기를 얻어 지금 최고의 악곡 가운데 하나로 널리 연주되고 있다.

미켈란젤로 〈깨어나는 노예〉와 창조의 순간

피렌체 한복판에 있는 아카데미아미술관Galleria dell'Accademia을 방문하면 4미터가 넘는 〈다비드〉 상이 금방 눈에 띈다. 미켈란젤로의 이 역작 앞에는 항상 많은 사람들이 모여 있다. 소란스러운 그 옆을 지나 복도로 들어가면 미켈란젤로의 미완성 조각 작품들을 조용히 만날 수 있다. 그 가운데 후대에 〈깨어나는 노예〉(1525~1530)라는 이름을 얻은 조각에서 우리는 창조의 순간을 만날 수 있다.

대리석이 인간의 형상으로 나오고 있다. 물론 대리석을 깎아 상을 만들겠지만, 이 작품을 보고 있으면 돌덩이 안에 숨어 있던 생명이 돌의 표면을 뚫고 깨어나는 인상을 받는다. 딱딱한 물질인 돌덩이가

미켈란젤로 부오나로티, 〈깨어나는 노예〉, 1525~1530

미켈란젤로의 손에 닿아 생동하여 영혼을 지닌 생명체로 태어나는 숨 막히는 순간을 보는 것만 같다.

미켈란젤로의 제자로 훗날 그의 무덤을 건축한 조르조 바사리 Giorgio Vasari(1511~1574)는 《뛰어난 화가, 조각가, 건축가의 생애》(1550)를 썼다. 이 책에서 바사리는 미켈란젤로를 신이 인간을 구원하려고 지상에 내려 보낸 인물이라고 평가한다. 그만큼 미켈란젤로의 조각과 회화 작품에는 생명력이 넘친다.

예술가들은 이전에 존재하지 않았던 것을 잉태하기 위해서 극심한 번민의 고통을 겪는다. 그래서 예술가들은 창조하는 신을 찬양하며 표현하기도 했다. 미켈란젤로도 시스티나 성당의 천장에 신이 세상을 창조하는 광경을 그렸다. 그는 천장 바로 밑에 누각을 세우고 그 위에 서서 4년 동안(1508~1512) 무척 고통스럽게 작업했다. 천장 중앙 네 번째 칸에서 우리는 신이 첫 인간에게 영혼을 불어넣는 순간을 볼 수 있다. 인간 창조의 정점을 미켈란젤로가 그렸다.

〈아담의 창조〉라고 이름 붙은 이 그림의 흥미로운 점은 이미 육체적으로 건장하게 완성된 첫 인간이 아직 완벽하게 창조되지는 않았음을 표현한 데 있다. 신의 손가락이 아담에게 가닿아야만 창조의 절정에 이를 것이고, 미켈란젤로는 그 직전의 상황을 묘사했다.

그런데 이 그림에서 최초의 인간보다 신의 행동이 더 적극적이다. 물질적이고 육체적인 삶에 그저 만족한 듯이 무관심한 최초의 인간에게 신은 영혼을 불어넣어 창조의 매듭을 지으려고 서둘러 다가가고 있다. 신이 시큰둥해하는 인간에게 안타까움마저 느끼는 모습이

미켈란젤로 부오나로티, 〈아담의 창조〉, 1512

다. 아담의 손가락과 신의 손가락이 닿을 듯 말 듯하지만, 팽팽한 긴장감은 신의 손가락에서만 느껴진다. 최초의 인간은 손가락을 활짝 뻗지 않은 채 내키지 않은 듯 마지못해 내밀고 있다. 그림은 영혼을 지녀야 진정한 인간다운 인간이 될 수 있음을 표현하고 있다.

●

살리에리가 모차르트를 진짜로 독살하지 않았으면서도 죄책감을 느꼈다는 점은 소중한 일이다.

예술 수업 5

춤, 몸의 지식

수영 이론을 아무리 잘 배워도 그 지식만 가지고는 물에 들어가서
바로 헤엄칠 수 없다. 머리로는 알면서도 하지 못하는 일들이 많다.
몸이 알지 못하기 때문이다. 앎은 머리에만 쌓이는 것이 아니다. 몸
의 지식이라는 것도 있다. 몸이 안다면 그 지식은 추상적이지 않아
공허하지 않고 또 실천할 수 있다.

몸이 기억하는 일도 의외로 많다. 아주 잊고 살아서 말로 설명하
기 힘든 일인데 막상 닥치면 해낸다. 자전거 타기와 같은 것이 간단
한 예다. 이 역시 몸의 지식이 머리의 지식보다 더 근본적이라는 사
실을 말해준다.

다리만 달아놓는다고 로봇이 사람처럼 걷지 못한다. 로봇도 머리
부터 발끝까지 모든 부분이 조화를 이루며 움직여야 걸을 수 있다.
한 부분이라도 어긋나면 기우뚱거리거나 쓰러지기도 한다. 몸이 안
다는 것은 조화를 이룬다는 뜻이기도 하다.

톨스토이의《안나 카레니나》에서 레빈은 농부들과 함께 풀베기를

하다 특별한 체험을 한다.

풀베기는 한 두둑 한 두둑 진행됐다. 긴 두둑도 짧은 두둑도 있었으며, 풀이 좋은 두둑도 나쁜 두둑도 있었다. 레빈은 시간이 흐르는 것을 전혀 의식하지 못하여 이른 시각인지 늦은 시각인지도 느끼지 못했다. 풀베기를 하면서 그는 커다란 기쁨을 안겨준 변화를 체험했다. 풀을 한참 베다 보면 자기가 하는 일을 잊어버리는 순간이 찾아든다. 그러면 일이 쉬워졌다. 그때는 그의 두둑도 다른 농부의 두둑처럼 반반하고 훌륭하게 베어졌다. 그러나 자기가 하고 있는 일을 의식하고 더 잘하려고 애쓰면 갑자기 풀베기가 힘들어지고 두둑도 엉망으로 깎였다.

우리도 때때로 경험할 수 있는 일이다. 뭔가를 잘해야지 하면서 의식하면 일이 영 풀리지 않는다. 아무런 의식도 하지 않았는데 일이 술술 풀리는 경우가 있다. 힘을 빼야 한다는 말은 지나치게 의식하지 말아야 한다는 뜻이다. 수영을 할 때 경직돼 있으면 가라앉는다.

꾸준한 수련은 진짜 예술가들의 미덕이다. 어떤 화가는 바라는 표현을 하기 위해 수백 번 선을 그었다고 한다. 그만 그랬겠는가. 연주자는 피아노의 건반을 제대로 치기 위해 수년 동안 하루 종일 앉아 연습한다. 몸으로 알기 전에 악곡을 연주하지 않는다. 현대 예술이 괴팍하다고 마음대로 아무렇게나 그려 예술작품이라고 내놓는 사기꾼도 있다. 그러나 진짜 예술가의 작품에서는 선 하나하나에 다른 기운이 흐른다. 진짜 음악가는 음악을 말로 떠들지 않고 연주한다.

춤은 몸의 구석구석이 살아 있다는 점을 새삼 느끼게 해준다.

6장

일그러진 인간이 말해주는 역설

모딜리아니가 생애 마지막까지 그린 한 사람

아메데오 모딜리아니, 〈노란 스웨터를 입은 잔 에뷔테른〉, 1919

한 번이라도 보면 뇌리에서 떠나지 않는 인물화가 있다. 아메데오 모딜리아니가 그린 초상들이 그렇다. 그 가운데 〈노란 스웨터를 입은 잔 에뷔테른〉(1919)이 특히 눈길을 끈다.

길고 둥근 얼굴의 선이 긴 목을 따라 흐른다. 그 선은 좁은 어깨를 지나 상체를 거쳐 허리와 엉덩이를 감싸고 허벅다리로 부드럽게 내려간다. 어디에도 각진 부분이 없이 미끄러지듯, 묶어 올린 머리 꼭대기에서 아래쪽 다리로 흐른다. 여인의 몸이 선을 따라 점차 풍성해진다. 선에서 여인을 따뜻하게 어루만지는 화가의 손길이 느껴진다.

푸른 벽지의 방이 춥다. 가난한 화가가 땔감을 구하지 못했나 보다. 두꺼운 스웨터를 입은 화가의 아내는 지금 둘째 아이를 임신 중이다. 두어 달 뒤 그린 같은 제목의 그림에서 여인의 배는 더 불룩해졌다. 갈아입을 옷이 없는 아내는 여전히 노란 스웨터를 입었고 벽지는 더 파랗다. 차가운 파리의 겨울, 그들은 생애 마지막 계절을 그렇게 보내고 있었다.

예술가들이 입체파니 미래파니 여러 예술 경향을 열띠게 토론하는 몽마르트의 카페에 이탈리아에서 온 모딜리아니도 자주 들러 술을 마셨다. 그는 어느 유파의 편도 들지 않았고 어떤 예술운동에도 가담하지 않고 늘 인물화만 그렸다. 그는 술 마시며 그린 초상을 술값 대신 두고 카페를 떠났다. 그런 그를 사람들은 보헤미안이라고

아메데오 모딜리아니, 〈노란 스웨터를 입은 잔 에뷔테른〉, 1919

불렀다.

위트가 넘치고 잘생긴 모딜리아니를 많은 사람들이 좋아했고, 그
역시 사람들과 잘 어울렸다. 그런 그가 그린 초상에 어딘지 우수가
깃들어 있다. 목이 길어서 슬픈 인상을 주는 모델도 있다. 사람들이
모딜리아니의 뮤즈였다. 그는 조각을 해도 두상만 만들었다. 열일곱
에 앓은 결핵 때문에 돌가루 먼지가 나는 조각 작품을 많이 남기지
는 못했다.

모딜리아니가 친구들과 떠들썩하게 만나는 자리 한쪽 옆에 잔 에
뷔테른이 조용히 앉아 있곤 했다. 에뷔테른은 모딜리아니를 외모나
유머 때문에 사랑한 건 아니다. 모딜리아니도 보헤미안의 삶을 접고
에뷔테른 곁에 정착했다. 그러나 그의 작품은 여전히 팔리지 않았고
부부는 가난했다.

〈노란 스웨터를 입은 잔 에뷔테른〉은 고개를 갸웃하고 조각을 한
듯한 포즈다. 첫 번째 그림에서 두 손을 십자로 포개고 앉은 여인은
가냘프게 보이지만 세속에 휘둘리지 않는 단단한 모습이다. 그의 그
림은 중세 화가 엘 그레코와 안드레이 루블료프Andrei Rublev(1360?~1430?)
를 떠올리게 한다. 화가는 이 그림에 아내의 영혼을 담았다.

미래가 데려올 가장 큰 문제

4장에서 우리가 증강 인간과 증강 현실
로 예측한 미래상은 밝고 희망찼다. 그 미래는 새로운 시대, 새로운
생활, 새로운 인생을 기대하게 만든다. 그런데 사람이 하는 일은 자

주 이율배반을 일으킨다. 밝은 태양은 희망을 상징하지만 아랍의 속담은 태양만 비추는 곳은 사막이 된다고 말한다. 승자가 있으면 그것은 패자가 있다는 뜻이기도 하다. 화려한 무대 뒤에는 언제나 분장실이 있다.

아인슈타인이 밝힌 우주의 원리는 핵무기를 제조하는 방법으로 사용됐다. 사람들은 때로 자유를 말하면서 이기적인 얼굴을 드러내고, 평등을 주장하며 차이를 말살하려 들고, 비판을 한다면서 욕설을 내뱉는다. 누구는 정의를 외치면서 폭력을 쓴다.

다양한 가치를 존중하여 차이를 인정하는 다원주의를 많은 사람들이 제멋대로 행동하는 이기주의로 받아들이기도 한다. 주체와 이기를 혼동하는 것이다. 상업광고에서는 마음껏 지르라고 사람들을 부추겨 물건을 판다. 사람들은 산 물건을 두르고 광고의 메시지를 따라 자신을 개성이 뚜렷한 멋진 존재라고 착각한다.

최첨단 소통의 도구들이 등장해 초연결사회가 됐다. 그런데 혼밥, 혼술이라는 새 단어가 생기고 또 1인 가구의 비율이 크게 늘었다. 영국에서는 2018년 외로움담당장관Minister for loneliness 직까지 신설됐다.

이런 때야말로 게오르크 헤겔Georg Wilhelm Friedrich Hegel(1770~1831)의 논리를 믿고 싶다. 헤겔은 어떠한 긍정 가치도 부정 상태를 낳지만 곧 그것을 극복하여 더 나은 단계로 나간다는 변증법 철학을 내놓아 이원론을 넘어섰다. 염려하여 성찰한다면 우리 앞에 놓인 다음의 문제들을 지나갈 수 있을 것이다.

4장에서 본 장밋빛 미래는 불평등을 야기할 것이다. 어떤 도구를 쓰며 사는가에 따라 사람들의 삶의 질이 달라진다. 풍요 속 빈곤은 모두가 빈곤한 것보다 더 큰 문제다. 모든 사람이 가난하면 가난한 줄 몰라 그 안에서 자족할 수 있다. 휴대폰이 나오기 전 사람들은 휴대폰이 없어도 전혀 불편하지 않았다. 모두에게 없으면 그것은 빈곤도 결핍도 아니다. 풍요 속 빈곤은 없는 사람에게 뭔가 빼앗겼다는 박탈감을 준다. 불평등은 심화돼 양극화로 이어질 수 있다.

미래 시대를 만들 최첨단 테크놀로지는 그것의 소유 여부로 계층을 분할하고 사회를 양분할 것이다. 일례로 인류 역사에서 끊이지 않는 전쟁의 양상이 사뭇 변할 수 있다. 인공지능을 탑재한 킬러 로봇이 첨단 무기를 장착하고 전투를 치른다. 그러한 로봇을 도입하지 못한 나라는 엄청난 인명 피해를 각오해야 한다. 사람은 전장의 공포에 쉽게 무너지는 허약한 존재이며 또한 그 두려움 때문에 잘못된 판단을 내리기도 하지만, 전투 로봇은 냉철하고 정확하게 상대를 타격한다. 이런 싸움의 결과는 뻔하다. 또는 자폭 로봇이 테러라도 벌이면 세계 어디에도 안전한 곳이 없을 것이다.

더 큰 문제는 인간 종이 달라질 수 있다는 점이다. 인간 종 차이는 단순히 질병 유전자를 검사해서 맞춤형 예방 치료를 할 수 있는 사람과 그렇지 못한 사람 사이에 건강과 수명의 격차가 벌어지는 일을 넘어서는 심각한 문제다. 누구나 자손이 뛰어나기를 바라는 욕망을 가지고 있다. 그래서 마치 자식에게 선행 학습을 시키듯 아이를 아예 선천적으로 우월한 능력을 가지고 태어나게 만든다. 유전자 가위를 이용해 DNA를 조작하여 증강된 인간을 낳는다. 인류가 우등한 종과 열등한 종으로 나뉠 수도 있다.

이러한 미래에 가장 크게 대두할 문제는 인간 영혼의 파괴다.

아인슈타인의 뇌

알베르트 아인슈타인은 1955년 4월 18일 새벽 1시 일흔여섯의 나이로 세상을 떠났다. 그는 상대성원리 등 우주의 물리적 법칙을 규명한 위대한 과학자였다. 아인슈타인은 세상을 떠나기 전 장례를 조용히 치러달라고 간곡히 당부한다. 자신이 숭배의 대상이 되지 않기를 바란 것이다. 그의 유언에 따라 시신은 사망 당일 화장해서 델라웨어강에 뿌려졌다. 아인슈타인은 소박하고 겸손한 품성을 지닌 사람이었다.

프린스턴대학 병원의 병리학자 토머스 하비Thomas Harvey(1912-2007)는 미국에서 사람이 사망하면 장례 전 통상적으로 진행하는 절차에 따라 아인슈타인의 시신을 부검했다. 그는 그때 아인슈타인의 뇌를 몰래 꺼낸다. 하비는 시신의 뇌를 약품 처리하여 보관했다가 이후 여러 뇌과학자들에게 보내 분석을 의뢰한다. 천재니까 아무래도 뇌가 독특할 것이라고 예상하고 그것을 과학적(?)으로 입증하려는 태도였다. 그는 아인슈타인 뇌의 특이한 점을 발견하면 창의적인 사고방식을 실증할 수 있으리라고 기대했다. 여러 과학자들이 뇌 분석에 매달렸다. 그러나 누구도 어떤 의미 있는 특징을 뇌에서 발견하지 못했다. 아인슈타인의 뇌도 일반 사람들의 뇌와 다르지 않았다.

뇌과학이 아무리 발달했다 해도 인간의 상상력과 창의성을 전두

엽, 측두엽 등 뇌의 물질로 풀 수 없다. 뇌를 해부한다고 해도 인간의 영혼을 들여다볼 수 없다. 아인슈타인의 창의적 상상력이 어디에서 나오는지 꼭 알고 싶다면 그가 남긴 말에서 힌트를 얻을 수 있을 것이다.

아인슈타인은 네 살 때 아버지가 선물한 나침반을 특별하게 기억했다. 그는 어린 나이에 나침반 바늘이 보이지 않는 지구 자기장을 볼 수 있게 해준다는 점에 놀랐다. 같은 이유로 아이슈타인은 평생 음악을 가까이하며 바이올린 연주를 즐겼다. 음악도 색채도 형태도 없지만 감동을 준다. 다음은 아인슈타인이 남긴 유명한 말이다.

Imagination is more important than knowledge.

우리말로 옮기면 '상상(또는 상상력)은 지식보다 중요하다'이다. 이 언급은 아인슈타인이 우주의 원리를 밝힐 수 있었던 사고방식을 담고 있다. 이 말의 뜻은 무엇일까. 아마도 많은 이들이 아인슈타인이 그토록 거부했던 통념으로 이 명제를 이해하고 있지 않을까 싶다. 사람들은 통념 즉 일반적으로 널리 통하는 생각을 진리일 거라고 믿는다. 아인슈타인의 이 말을 반대의 의미로 받아들이는 모습을 여러 곳에서 볼 수 있다.

사람들은 상상력을 지식에 대비하여 이 명제를 해석한다. 지식을 상상력보다 한 단계 아래에 있는 열등한 일로 보는 것이다. 그러나 이 말은 그런 뜻이 아니다.

상상력은 폭발의 이미지를 가지고 있다. 지식은 축적의 이미지다. 축적되어야 폭발한다. 즉 상상력과 지식은 대립하지 않는다. 상상력은 지식이 쌓이면 폭발하듯 나온다는 뜻이다.

그동안 이 말을 해석했던 통념은 적대적 사고방식이다. 아인슈타인의 언급은 친화적으로 이해해야 제대로 파악할 수 있다. 아인슈타인도 멍청하게 있다가 어느 날 갑자기 상대성원리를 발견한 것은 아니다. 오랜 관심과 연구가 축적돼 폭발하듯 그의 상상력이 나온 것이다.

아인슈타인의 창의적 사고는 뇌가 특이하게 생겨서 가능했던 일이 아니다. 세상과 우주를 대하는 겸허한 자세에서 그의 창의성이 나왔다. 위대한 과학자이면서도 그는 이렇게 말했다.

지금 우리는 자연과학의 성과들과 과학기술의 발달이 만들어준 경이로운 시대를 살고 있다. 누군들 놀라지 않을 수 있겠는가. 그러나 과학과 기술만으로는 인류가 행복하고 품위 있게 살 수 없음을 명심해야 한다.

과학기술이 지배하는 지금 그의 이 말이 더 절실하게 들린다. 그는 겸손했지만 편견과 맹종은 거부했다. "어떤 사람이 밴드의 소리에 맞춰 사열 종대로 행진하는 것을 즐거워한다면 그에게는 척수만 있어도 된다." 그래서 프랑스의 작가 로맹 롤랑Roman Rolland(1866~1944)은 "아인슈타인은 노예근성이 만연한 시대에 자유로운 영혼을 지니고 있는 몇 안 되는 사람 가운데 한 명이다"라고 말했다. 자유로운 영혼.

찰리 채플린과 그의 영화 〈시티 라이트〉 시사회를 찾은 아인슈타인, 1931
채플린은 할리우드에서 유일하게 만나고 싶은 사람으로 아인슈타인을 초청했다.
아인슈타인은 그의 영화를 보며 눈물을 흘렸다.

설명할 수 없는 것을 설명하는 법

인류가 자주 사용하게 될 단어는 무엇일까. 미래의 증강 사회는 분명 더 편리해지고 물질의 풍요를 가져다주며 또한 개개인의 능력을 확장시켜줄 것이다. 그럴수록 사람들은 영혼 상실을 우려하고 '영혼'을 이야기할 것이다. 최소한 우리는 인간이고, 어떠한 능력도 어떠한 부도 어떠한 안락도 미처 영혼까지 챙겨주지는 못하기 때문이다.

발달한 인공지능은 호기심도 왕성해서 다양한 정보를 취합해 인류에게 새로운 방향을 제시할 것이다. 그러나 인공지능이 구현할 수 없는 영역이 있다. 그것이 영혼이다. 과학자들은 마지막 과제로 인공지능에 영혼을 담고 싶어 할지도 모르겠다. 그렇지만 아무리 뛰어난 과학자들이 정교하게 논리의 알고리즘을 짜도 영혼은 만들 수 없다. 영혼은 논리적으로 선명하게 설명할 수 없기 때문이다.

영혼은 어원을 따져봐도 분명하게 밝히기 힘든 단어다. 영혼이라는 말이 생겨난 근원을 여러 방향으로 추측해볼 수는 있으나 확실하지는 않은 것이다. 우리말도 그렇고, 영어도 라틴어도 희랍어도 그렇다. 단지 공통적으로 영혼의 기원이 살아 있다는 낱말과 연결돼 있기는 하다. 그런데 그것은 생물학적인 의미는 아니다. 즉 생명이 붙어 있다고 다 살아 있다는 의미는 최소한 인간에게는 아니라는 뜻이다. 러시아어의 영혼은 한 가지 선명한 의미를 주기는 한다. 러시아 사람들은 영혼을 두샤dusha라고 부르는데 이 단어는 두마티dumat'와 같은 계열의 어휘다. 두마티는 '사유하다'라는 뜻의 동사다. 영혼이 적어도 사유와 관련돼 있다는 점을 생각할 수 있다. 그래도 영혼을 설명하기에는 턱없이 부족하다. 그래서 비유로 영혼을 이야기하기도 했다.

1장에서 인용했듯이 기원전 5세기의 철학자 아리스토텔레스는 사람과 영혼의 관계를 눈동자와 시력에 빗대었다. 이 비유 덕에 철학자는 영혼이 사람을 사람답게 만든다는 점을 설명할 수 있었다. 여기에 아주 중요한 점이 하나 있다. 논리적으로 선명하게 풀어 설명할 수 없다고 해도 영혼이 추상적이거나 신비한 말은 아니라는 사실이다. 영혼은 막연한 단어도 아니다. 선험적이거나 초월적인 어휘도 아니다. 영혼은 누구나 체험할 수 있다. 아니 체험할 수 없다면 사람이라고 할 수 없다. 영혼이 언제나 사람들의 삶에 드러나기 때문이다. 말투나 태도, 몸짓, 눈길에 영혼이 나타난다.

그런데 영혼의 가치는 설명하지 못한다는 점에 있다. 명료하게 무엇이라고 규정하지 못해도 우리가 분명히 알고 있는 것들이 있다. 알면서도 설명하지 못하는 까닭은 무엇이라고 정리하는 순간 그 본질이 소멸하기 때문이다. 어떤 일은 정확하게 범주를 짓고 정의를 내리면 그 안에 포함되지 않는다. 영혼이 그렇다.

예술의 표현법 가운데 규정짓지 못하는 귀한 가치를 나타내는 부정否定 화법이 있다. 무엇이다라고 정의하지 못하는 가치를 무엇은 아니다라고 하면서 그것에 다가가는 방법이다. 이는 규정으로 본질을 훼손하지 않으면서 그 뜻을 드러내는 방식이다. 이런 네거티브 방법으로 뭔가를 표현할 수밖에 없는 건 그것이 언어를 넘어서 있기 때문이다. 말로 형용할 수 없는 세계가 있다.

4장에서 다룬 톨스토이의 장편《전쟁과 평화》의 니콜라이 로스토프는 빚을 지고 근심에 사로잡혀 있었다. 그는 음악회가 열리기 전까지 세상의 모든 일을 근심거리로만 여겼다. 걱정이 그의 존재를 지배했다. 우리도 뭔가에 휩쓸릴 때 영혼을 잃는다. 이념에 홀렸거나 안락에 취했거나 물질 때문에 들떠 있을 때 영혼을 망각한다.

우리는 영혼을 설명하지는 못해도 영혼이 깃든 교육, 영혼이 없는 교육, 영혼이 있는 경영, 영혼 부재 경영과 같은 말들이 무엇을 뜻하는지 안다. 영혼 없는 교사나 경영자가 있다면 그들이 행하는 일은 본질적으로 교육이나 경영과 무관하다. 그것은 악으로 흐를 가능성이 높다. 사유가 그러하듯이 영혼은 인간의 부분이 아니라 인간의 이유이다.

괴테의 《파우스트》에서 악마 메피스토펠레스가 파우스트에게 많은 능력을 주고 끝내 빼앗고 싶어 했던 것이 영혼이었다.

영혼 없는 세상

미래의 영혼 파괴 양상은 아주 다양한 차원에서 예상되지만, 그 핵심을 다섯 가지로 정리할 수 있겠다.

첫째, 디지털 문명이 모든 영역을 지배해 나타날 인간의 수치화 현상이다. 이미 사람의 행동을 수치로 측정하고 있다. 학업 성적도 업무 수행 능력도 숫자로 표기한다. 이제 모든 표현 방식이 디지털로 통합되면 인격마저 셈하여 숫값으로 표시할지도 모른다. '좋은 사람' 하면 어떤 사람이 떠오를까. 지금 저마다 떠올린 인간상과 달리, 미래에는 수치화된 능력으로 사람이 좋은지 아닌지 따질 수도 있다.

세상을 이루는 하나의 부속으로서 제대로 기능하는지 여부가 인물 평가의 기준이 된다. 한 사람을 전일체가 아니라 전체의 일부로 받아들이는 것이다. 기계의 우수한 능력에 놀란 사람들이 그것을 모든 가치 평가의 기준으로 삼아 인격을 대하는 개념이 변한다. 모든 일이 전문화될 기능주의functionalism 시대에 당연히 예측 가능한 현상이다. 기능하지 않는 사람을 야만스러운 존재로 몰아 인간성을 훼손할지도 모른다. 그것은 마치 식사를 영양소 섭취 행위로만 바라보는 태도와 비슷하다. 사람들이 먹는 캡슐의 성분으로 식사의 가치를 따진다. 식탁에 함께 앉은 사람들과 나누는 음식의 즐거움은 측정하지 못한다. 사람도 이런 방식으로 바라본다.

둘째, 테크놀로지가 인간의 가능성을 축소할 수 있다. 지금까지 테크놀로지는 삶의 가치를 높여왔다. 그래서 도구 사용은 사람다운지를 가늠하는 척도였다. 이것이 앞의 장에서 살펴봤던 테크놀로지의 의의였는데, 앞으로는 거꾸로 테크놀로지가 인간의 가능성을 제한할 수도 있다. 미래에 사람들이 누릴 무한한 시간과 공간이 전적으로 과학기술에 의존해야 하기 때문이다. 그 상황은 노예 상태의 자유라고 할 수 있다. 테크놀로지에 갇혀 무한 시공을 누리는 역설이 발생한다. 사실 기계가 고장 났을 때 우리는 얼마나 기구에 의지하며 살고 있는지 알 수 있다.

셋째, 다른 사람의 창의성을 훔쳐 쓰는 문제가 발생한다. 디지털은 본래 완벽하게 복제된다. 창의적 상상력이 경제의 기반이 될 시대에 이 문제는 저작권 훼손에 그치지 않는다. 사람들은 평등을 주장하면서 타인의 상상력을 빼앗아 도용하는 일을 정의라고 부를 것이다.

넷째, 지능의 오작동 문제다. 사람은 우주를 담고도 남을 만큼 무한한 상상을 할 수 있다. 누구나 아주 고결하고 성스러운 것뿐 아니라 온갖 추잡하고 더러운 일도 상상한다. 그래서 지능이 언제나 긍정적인 부분으로만 작동할 거라고 확신할 수 없다. 때로는 질시 때문에, 어떤 경우에는 분노로, 아니면 아무 이유 없이 맹목적으로, 발달한 테크놀로지를 사용해 악의적인 일을 쉽게 벌일 수 있다. 그래서 우리는 지능을 긍정적인 단어로만 사용하지 않는 것이다. 지능적인 수법, 지능 범죄. 1장의 아이히만처럼 사유 부재의 지능은 패악을 저지르기도 한다. 이기심의 극단에 이르러 찔러도 피 한 방울 안 나올 잔인한 냉혈한이 테크놀로지를 장악한다면 문제가 크다.

다섯째, 가장 끔찍한 상황인데, 그로 인해서 우리 스스로 영혼을 포기할지도 모른다. 상상하면 실현되는 최첨단 테크놀로지 세상에서는 지금보다 더 흉포한 일이 벌어질 수 있다. 어떤 로봇은 인간의 악마성을 구현한 알고리즘대로 행동할지도 모른다.

그래서 우리가 자발적으로, 그러한 악의적인 상상을 하고 또 실현하려는 사람들을 통제해줄 시스템을 강력하게 요청한다. 이미 얼굴 인식으로 신분을 확인하는 기술이 상용화돼 있다. 상점에서 물건을 사고 안면 인식으로 결제도 된다. 곧 첨단 테크놀로지가 사람을 보고 그가 무슨 생각을 하는지 판단할 수 있다.

고도로 발달한 네트워크는 그러한 통제를 아주 쉽게 효율적으로 구현할 것이다. 그로 인해서 우리는 항상 감시를 받는다. 단속에 걸리지 않기 위해 스스로 끊임없이 자기 검열을 해야 한다. 화를 내고 있지는 않은지 무슨 나쁜 생각을 떠올리는 건 아닌지 자신을 억제한다. 우리는 상대방 얼굴을 보고 기쁜지 슬픈지 친구인지 적인지 알아본다. 얼굴은 외모 지상주의라고 말할 때의 겉모습이 아니라 정신의 줏대라고 하는 얼이 담기고 또 표출된다. 사람이 짐승과 다른 차이는 얼굴에도 있다. 그런 얼굴을 감추고 가면을 쓰고 살아야 한다.

그런데 그러한 통제를 우리 스스로 원한다는 것이다. 갈수록 세상이 불안전해 아주 강력한 컨트롤타워를 바란다. 이쯤 되면 자율성에 바탕을 둔 윤리도 사라질 것이다. 인간의 자유의지는 당연히 무력해질 것이다. 사람들이 자발적으로 노예 상태에 순응한다. 이 책 처음에 말했듯이 인간적이라는 뜻이 기계적이라는 의미와 바뀔 것이다. 앞서 인간 종의 구분이 일어날 일을 우려했는데, 우월한 종은 컨트롤타워에 군림할 테고 말이다.

뒤틀린 인간상

엘 그레코는 중세 말기의 성상 화가였다. 그는 그리스 남쪽 끝 크레타에서 태어나 스무 살에 이탈리아 베네치아로 건너가 르네상스 예술을 접하고 서른여섯이 되던 1577년 스페인 톨레도에 정착해 종교화를 그렸다. 그의 본명은 도미니코스 테오토코풀로스 Domenikos Theotokopoulos였지만 사람들은 그를 그냥 그리스 사람이라고 불렀다. 그레코는 이탈리아어로 그리스인을 가리키는 남성 단수 보통명사다.

그레코의 그림은 중세 전통에서 벗어난 그리스 출신 이방인의 시각이 담겨 독특했다. 그래서 그를 줄곧 그리스 사람이라고 불렀던 것이다. 비잔틴 문화권에서 태어난 그레코는 중세의 성상을 전통 규범을 따르지 않고 대담하게 표현했다. 그는 특히 인물을 묘사할 때 탁월한 상상력을 발휘했다.

그레코가 생애 후반에 그린 〈라오콘〉(1610~1614)은 그리스 신화를 모티프로 삼은 작품이다. 라오콘Laocoön은 트로이의 왕자이자 아폴론

엘 그레코, 〈라오콘〉, 1610~1614

신전의 사제로, 트로이전쟁 때 신을 분노케 해 포세이돈이 보낸 뱀에 두 아들과 함께 물려 죽는다. 그레코는 신의 분노로 죽어가는 인간의 고통을 그림으로 표현했다. 그림에서 라오콘과 두 아들의 형상은 꿈틀거리는 선으로 묘사된다. 그 옆의 세 인물은 저승의 사자인 듯 공중에 떠 있고 육신이 없는 느낌을 준다.

그레코는 〈라오콘〉을 묘사할 때 그의 최고 걸작 〈성 요한의 환영: 다섯 번째 봉인 열림〉(1608~1614)도 함께 그렸다. 이 작품에서 인물들은 더욱, 육체를 가지고 있지 않은 듯 표현됐다. 묵시록의 환영을 담은 그림에서 하늘을 향해 두 팔을 뻗은 앞쪽 성 요한과 뒤쪽 일곱 명

엘 그레코, 〈성 요한의 환영: 다섯 번째 봉인 열림〉, 1608~1614

의 순교자는 육신이 없는 모습이다. 사실 순교자는 이미 죽었기 때문에 몸이 없고 영혼만 남았다. 그레코는 인간의 영혼을 표현하기 위해 그림에서 육체의 질량감을 삭제했다. 그렇게 하니 영혼의 고뇌가 더 잘 표현됐다. 길게 늘어난 인체는 관람객에게 육이 아니라 혼을 느끼게 해준다. 그레코는 영혼을 그린 화가였다.

인간 왜곡은 현대 예술로 올수록 더 많이 등장하는 주제다. 일례로 현재 왕성하게 작품 활동을 하는 마우리치오 카텔란Maurizio Cattelan (1960~)의 작품 몇 점만 봐도 뒤틀린 인간상을 볼 수 있다. 〈어떤 완벽한 날〉(1999), 〈우리는 혁명이다〉(2000), 〈프랑크와 제미〉(2005) 같은 작품은 사람의 형상을 한 오브제를 여기저기 묶거나 거꾸로 매달아 현대인의 여러 상황을 떠오르게 한다. 현대 예술에서 유독 일그러진 인간 상을 묘사하는 이유는 많은 예술가들이 인간 영혼을 염려하기 때문이다. 염려는 사랑의 다른 이름이다.

카텔란은 기행을 일삼는 특이한 작가였다. 1996년 네덜란드 아펠 재단De Appel Foundation의 초대를 받은 그는 암스테르담에 도착해서 아무 작품도 만들지 않았다. 전시회가 다가와 재단의 큐레이터들이 당황해도 카텔란은 태평했다. 개막 당일 그는 아침 일찍 옆 갤러리에 가서 그곳 작품들을 가져다가 전시회장에 옮겨 놓는다. 갤러리의 신고로 전시회는 열리지 못했지만 이 황당한 해프닝만으로도 예술작품이 되었다. 이 〈제기랄 당치도 않은 레디메이드〉(1996)에서 카텔란은 뒤샹이 레디메이드 즉 기성품을 작품이라고 내놓은 이래로 예술을 창작이 아닌 선택으로 보는 경향이 커지자 그 현상을 다시 보게끔 일을 저질렀다. 그는 우리 시대 자체가 스캔들인데 자기 작품만 스캔들로 여기는 자가 있다면 그는 현실에 무감각한 사람이라고 일갈했다.

예술이 아름다움을 다룬다는 정의는 제한적이다. 또한 3장에서 언급했듯이 꾸미고 가리는 장식은 예술이 아니다. 예술은 시대와 인간의 모습을 솔직하게 드러내준다. 그것은 성찰을 위해 꼭 필요

마우리치오 카텔란, 〈무제〉, 2016
2016년 파리에서 열린 '사랑을 두려워하지 말라' 전시 작품으로
〈우리는 혁명이다〉(2000)의 새로운 버전. ©Fred Romero

한 일이다.

현대의 작가 가운데 특히 빌럼 데 쿠닝Willem de Kooning(1904~1997)은 끔찍한 괴물이 되어버린 사람의 모습을 연작으로 보여줬다. 몸집은 탐욕으로 부풀어 올랐고 찢어진 입 사이로 이빨이 드러나고 눈은 분노로 가득 찼다. 쿠닝은 사람의 내면을 드러낸 피카소의 입체주의를 좋아한다고 말했는데 그의 작품은 흉측한 외면으로 일그러진 영혼을 표현했다.

이런 작품들이 가진 긍정적인 가치는 무엇일까. 그것은 이런 그림을 보고 좋다거나 매력적이라는 느낌이 들지 않는다는 점에 있다.

이런 작품을 대하고 역겹고 혐오스러운 거부감이 인다는 것이 긍정 의미를 생산한다. 그것은 관람객에게 적어도 좋음에 대한 감각이 남아 있기 때문이다. 최소한 영혼은 살아 있기 때문이다.

현대 음악은 사람들이 지르는 비명을 들려주기도 한다. 쇤베르크의 〈바르샤바 생존자〉에서도 들을 수 있듯이 현대 음악의 주류를 이루는 불협화음은 말 그대로 조화 상실의 소리다. 불협화음은 영혼을 어지럽히는 세상을 들려주고 그 안에서 살아야 하는 사람들의 절규를 듣게 해준다.

대장간의 신, 절름발이 불카누스의 은유

불카누스Vulcanus는 고대 로마신화에 나오는 불과 대장간의 신이다. 불카누스를 그리스신화에서는 헤파이스토스Hephaestos라고 부른다. 그는 미와 사랑의 여신 베누스Venus의 남편이다. 베누스의 영어 발음은 비너스이고, 그리스신화에서는 아프로디테Aphrodite다. 불카누스, 즉 헤파이스토스는 화산에 대장간을 짓고 여러 신과 영웅들에게 필요한 온갖 연장을 만들어줬다. 제우스의 번개, 헬리오스의 전차, 에로스의 활과 화살, 아킬레우스의 갑옷 등을 그가 만들었다. 불카누스는 못 만드는 물건이 없는 기술의 신이기도 하다.

그런데 고대 신화는 불카누스를 유달리 못생기고 균형을 못 잡는 절름발이로 그리고 있다. 그가 대장간에서 사용하는 풀무에서는 불똥이 튀어 주위에 분란을 일으키기도 했다.

불카누스는 인류 최초의 여성 판도라도 만들었다. 그는 판도라가
인간 세상으로 가져온 상자도 제작한다. 인류의 첫 여성은 신들의
경고에도 불구하고 호기심을 못 이기고 그 상자를 열었다가 전쟁,
질병, 가난 등 온갖 악이 튀어나오자 놀라 얼른 상자의 뚜껑을 닫았

르 냉Le nain 형제, 〈불카누스 대장간의 비너스〉, 1641
오른쪽에 앉아 있는 이가 불카누스다.

는데 그만 희망만 나오지 못했다.

이 신화는 예술과 기술의 관계를 말해주고 있다. 먼저 불카누스와 비너스가 부부 사이인 것은 예술과 기술이 테크네라는 같은 어원을 공유하는 점을 시사한다. 그러면서 기술의 신 불카누스가 미의 여신 비너스와 달리 추한 모습을 하고 있는 것은 예술과 기술의 차이를 가리킨다.

기술은 세상을 풍요롭고 편리하게 만들었지만 한편으로는 각종 무기를 개발해 생명을 파괴하는 일도 했다. 20세기 전반에 터진 두 차례의 세계대전은 그런 기술의 발달에 크게 기여했다. 지금도 테크놀로지는 사람들에게 무척 유용하지만 때로는 희망을 꺾는 일에도 쓰인다. 테크놀로지가 본래 선과 악을 분별하는 능력을 가지고 있지 못하기 때문이다.

고대 신화는 불카누스의 풀무에서 불똥이 튀어 분란이 일어나고, 그가 만든 판도라상자에서 온갖 재앙이 뛰쳐나왔다는 점을 말하고 있다. 그는 또한 균형을 못 잡는 절름발이였다. 불카누스 신화는 과학기술이 주도하는 혁명의 시대에 꼭 염두에 두어야 하는 이야기다.

자기 강화라는 증강의 통념

인간 왜곡이나 추한 모습의 반대편에 증강 인간이 있는 듯 여겨진다. 우리의 통념은 증강을 자기 자신이 세지고 커지는 강화라고 정의한다.

스페인의 화가 프란시스코 고야는 궁정화가로 초기에 밝은 빛깔의 풍속화와 초상화를 주로 그렸다. 당시 유럽은 봉건제를 극복하고 개인이 부각되는 근대로 접어들던 시기였다. 고야는 시대 변화로 드러난 개인의 이기심과 편견을 대하면서 작품에 어두운 색조를 쓰기 시작한다. 특히 그는 프랑스혁명(1789~1799)을 누르고 황제로 등극한 나폴레옹 보나파르트Napoleon Bonaparte(1769~1821)가 1807년 이베리아반도를 침략해 일어난 반도전쟁Peninsular war(1807~1814)을 겪으면서 그 참상을 검은 그림으로 그렸다. 개인 존중 시대를 뭉갠 강한 개인의 등장이라는 역사의 모순이 고야 작품의 중심 주제였다.

고야의 후기 작품 가운데 〈거인〉(1808~1812)은 한 인간이 커져 거인이 된 모습을 묘사하고 있다. 그림의 아래쪽 전쟁터에서는 끔찍한 살육이 벌어지고 있고, 그 위로 거대한 괴물이 주먹을 쳐들고 걷는다. 거인은 앞의 무언가를 치려는 자세다. 고야는 살육의 원인을 거인으로 표현하고 있다. 반도전쟁 시기에 그려진 이 그림의 괴물은 나폴레옹을 떠올리게 한다. 고야가 2년 뒤 만든 동판화에서는 거인이 홀로 나온다. 거인은 등을 보이고 앉아 고개를 돌려 뒤를 바라보고 있다. 누군가를 찾는 모습이다. 그러나 너무 커진 거인을 상대해줄 사람이 지상에 없는 듯 그는 쓸쓸하기만 하다. 그믐달이 서늘하다.

고야는 두 작품에서 인간이 어떻게 괴물이 되는지, 그리고 괴물이 되면 어떠한지를 그렸다. 타인을 공격해서 거인이 됐으니, 남들과 함께하지 못하고 자기만 커진 괴물은 고독할 뿐이다.

4장에서 언급한 셸리의 《프랑켄슈타인》에서 빅터 프랑켄슈타인 박사는 자연과학의 위력에 매료돼 실험실에 박혀 생명체 연구에 몰

프란시스코 고야, 〈거인〉, 1808~1812

두했다. 마침내 박사는 보통 사람보다 훨씬 강한 인조인간을 창조한
다. 그런데 그 피조물이 프랑켄슈타인에게 이렇게 간청한다.

내 모습은 추악한 당신 모습이고, 당신과 닮았기 때문에 더 끔찍해. 나
는 철저하게 외톨이야. 당신은 나를 위해 여자 괴물을 만들어줘야 해. 그
걸로 만족하겠어. 아무 연고나 애정이 없으면 내겐 증오와 악의만 남겠

〈거인〉, 1814~1818

지. 다른 사람을 사랑하게 되면 내 범죄의 원인이 없어질 거야. 내 악행은
고독을 억지로 견딘 데서 자식처럼 생긴 거야.

　사람은 자기만 강화하면 기형적으로 커져 괴물이 된다. 거인이 괴
물을 덩치로 보여준다면 또 다른 유형의 괴물인 흡혈귀는 속성으로

알려준다. 흡혈귀는 남의 피를 빨아먹고 사는 존재다.

악마가 가장 좋아하는 일이 무엇일까. 그것은 악을 늘리는 것이다. 악은 어떻게 커질까. 누군가를 혐오하면 상대는 그것을 수용하지 않고 증오로 되갚아 악이 늘어난다. 내가 아닌 타인을 적대시해 사악하다고 보는 것, 그것은 내 안에 갇히는 일이기도 하다. 그저 나만 옳다면서 남 탓하고 조롱하는 자는 영혼이 없는 악마다. 선과 악을 이원화해 나누고 다른 것을 흉하다 보며 원수 갚기를 정의라고 내세우는 문화는 병적인 문화다.

그런 자기 강화는 자연의 원리를 거스른다. 그래서 자기 자신까지 스스로 파괴한다. 자기 영역을 지켜 키우겠다는 시도는 인류사에서 여러 차례 발생했다. 예를 들면 합스부르크가 사람들은 혈통을 순수하게 보호하려고 근친상간을 일삼았다. 그러다 보니 열성유전자가 활성화돼 그들은 유전병에 자주 걸렸고 아래턱이 점점 길게 튀어나왔다. 스페인 국왕을 지낸 카를로스 2세Carlos II(1661~1700)는 무척 병약했을 뿐 아니라 긴 아래턱 때문에 음식도 씹기 힘들었다고 한다. 자연의 이치를 어긴 결과다.

순혈주의가 판치는 곳에서는 자기 합리화를 객관화라고 본다. 그것은 자기 편견을 견고하게 하는 모습이다.

2019년 5월 6일 여러 국가의 과학자들이 프랑스 파리에서 열린 '유엔 생물다양성 과학정책기구'IPBES 총회에 모여 1800쪽 보고서를 발표했다. 이 보고서는 지상의 800만 종 생물 가운데 약 100만 종이 멸종 위기에 놓였다고 경고한다. 또한 생물 멸종률이 수백 배로 높아져 곧 지구에 여섯 번째 대멸종이 닥칠 수 있다고 예측했다. 공룡이 사라진 다섯 번째 대멸종 등 이전의 대멸종은 화산 폭발이나 소행성 충돌 때문에 일어났다. 미래의 대멸종은 인간에 의한 재앙이다. 보고서에서는 여섯 번째 대멸종이 인류의 생존까지 위협한다고 분석하고 있다.

보도자료에서 본 레서판다의 천진난만한 모습이 잊히지 않는다. 레서판다도 서식지가 줄어 곧 사라질 것이라고 했다.

많은 생명체가 아주 혹독한 환경에 적응해 살고 있는 모습을 자연 다큐멘터리에서 볼 수 있다. 북극곰, 북극여우는 어떻게 그렇게 춥고 황량한 얼음 벌판에서 살아갈까. 산악 지대의 가파른 절벽에서 산양이나 눈표범은 무슨 수로 생활할까. 그렇게 강인하게 자연에서 사는 생물들이 인간의 확장으로 인해 대멸종 위기에 처했다. 보고서가 말하듯이 그것은 우리가 우리의 생존을 위협하는 일이다.

그럼에도 통념은 고집스럽게 증강을 자기 강화라고 믿는다. 파우스트는 욕망에 사로잡혀 악마 메피스토펠레스에게 영혼을 팔고야 만다. 인류는 증강을 이야기하며 과잉과 고립의 시대를 만들고 있다.

안나 카레니나가 불행에 빠진 이유

《안나 카레니나》의 레빈은 나는 도대체 누구이며 왜 사는지 끊임없이 사유하다가 세상을 움직이는 변치 않는 진리를 만난다. 톨스토이는 평생, 세상을 운용하는 불멸의 진리와 좋은 삶이 무엇인지를 밝히려고 애쓴 작가다. 그가 남긴 마지막 말도 "진리를…… 나는 사랑한다…… 모두가……"였다.
톨스토이가 드디어 그 진리를 발견해 쓴 작품이《안나 카레니나》다.
90권에 이르는 톨스토이 전집 중《안나 카레니나》를 그의 최고 작
품으로 꼽을 수 있다. 그 작품에서 레빈은 인생을 사유하는 가운데
행복한 삶의 원리도 체험한다.

　우리는 어떤 상태를 행복하다고 여길까. 흔히 무엇인가에 만족할
때 행복하다고 말한다. 심리학은 행복의 원리를 이러한 충족으로 설
명한다. 결핍은 불행의 원인이라고 본다. 크게 만족하기 어렵기 때문
에 소소한 일에서라도 충족감을 느껴야 한다며 작지만 확실한 행복
이라는 뜻으로 소확행이라는 신조어도 생겼다. 욕망이 행복과 관련
됐다고 보는 것이다. 그래서 우리는 뭔가 차고 넘치면 더 행복할 거
라고 여긴다. 자꾸 결핍에 시달리기 때문에 더 간절하게 뭐든 차고
넘치기를 바란다. 그러나 과잉은 오히려 더 우리를 불행하게 만든다.

　레빈은 마침내 사랑하는 키티와 결혼을 한다. 레빈은 행복했다.

　결혼한 지 석 달째 되었다. 레빈은 행복했다. 그러나 그 행복은 기대했
던 바와는 완전히 달랐다. 그는 예전에 꿈꿨던 공상에 환멸을 느꼈고, 생
활 속에서 뜻밖의 새로운 매력들을 하나하나 찾아냈다. 그는 가정생활에
발을 들여놓고 한 걸음 한 걸음 걸을 때마다 상상했던 것과 전혀 다르다
는 걸 알았다. 호수 위에서 작은 보트가 경쾌하고 편안하게 노니는 모습
을 아무 생각 없이 즐겁게 바라보던 사람이 직접 보트를 탔을 때 경험하
는 바와 같았다. 그저 보고만 있을 때는 손쉬운 것 같지만 막상 자기가

직접 해보니 무척 즐겁기는 하나 참으로 어려운 일이라는 것을 알게 된 것이다. 결혼을 하고 나니 아내와의 생활은 특별한 일들로 이루어지는 것이 아니라 하잘것없는 시시한 일들뿐이었다. 그런데 그 시시한 것들이 이제 그의 의지와 달리 특별히 중요한 의미를 지니게 됐다.

이 구절에서 레빈의 삶에 대한 자세를 주목해볼 필요가 있다. 호수 멀리서 연인이 다정하게 보트를 타는 모습을 보면 평화롭고 낭만적으로 느껴진다. 그러나 막상 보트에 올라 노를 저으면 힘도 들고 물도 튀어 불편하다. 레빈은 키티와 결혼하고 나서 이전에 막연하게 꿈꿨던 것과 다른 생활을 체험했다. 그는 기대와는 다른 실제의 생활 하나하나를 소중하게 여기고 산다. 그래서 레빈은 행복했다. 이 모습은 안나 카레니나가 사랑을 이루지 못하고 불행에 빠지는 이유와 대비되면서 소설의 줄거리를 끌고 간다.

안나는 철도역에서 우연히 만난 청년 장교 브론스키와 열정적인 사랑에 빠진다. 고위 관직에 오른 위선적인 남편 카레닌과 살면서 질식할 것만 같았기 때문에 안나는 솔직하고 정열적인 브론스키에게 매료된다. 안나는 제대로 살고 싶었다. 브론스키도 안나를 뜨겁게 사랑한다. 그러나 세상은 그들의 사랑을 곱게 보지 않았다. 끝내 두 사람은 외국으로 떠난다. 안나는 이탈리아에 머물면서 그토록 바랐던 생활이 이뤄졌다고 기뻐했다. 그렇지만 브론스키는 행복하지 못했다.

브론스키는 그토록 오랫동안 바라던 일이 완전히 실현됐으나 충분하게 행복하지 않았다. 지금과 같은 욕망의 실현이 이전에 기대했던 행복이라는 커다란 산에 비하면 겨우 모래 한 알 정도로밖에 생각되지 않았다. 이것은 행복이 욕망의 실현에서 나온다고 여기는 사람들이 항상 저지르는 과오와 같았다.

브론스키도 안나와 단둘이 지낼 수 있다면 무척 행복할 거라고 기대했다. 그 바람이 이뤄졌는데 그러나 그는 행복하지 않았다. 커다란 산을 생각했는데 실현되니 모래 한 알 같았다. 문제는 욕망이었다. 욕망은 두 사람을 행복하게 놔두지 않았다.

행복은 만족이 아니라 삶에 대한 태도에서 나온다. 인용한 구절 끝부분에 톨스토이가 덧붙인 말을 다시 읽어보자. "행복이 욕망의 실현에서 나온다고 여기는 사람들이 항상 저지르는 과오와 같았다."

지금 우리는 거창한 시대를 살고 있다. 현실이 변하는 속력도 가속도가 붙어 점점 더 빨라졌다. 속도가 빠르니 사람들은 규모가 큰 것만 볼 수 있다. 들리는 이야기도 대단하고 뛰어나다는 말들이다.

이런 세상에서는 사람들이 자기 리듬에 따라 살기 힘들다. 많은 이들이 외부에서 울리는 북소리에 춤을 추듯 타자의 리듬으로 살고 있다. 그래서 통제권을 잃어 늘 분주하다고 느낀다. 외부의 흐름을 타고 살다 보니 자기 결정권을 뺏겨 고립감도 커졌다. 현대인은 마치 얼어가는 호수에 갇힌 미운 오리 새끼 같은 신세다.

덴마크의 작가 한스 안데르센Hans Christian Andersen(1805~1875)의 《미운

오리 새끼》(1843)에서 매서운 바람이 부는 겨울, 새끼 오리 한 마리가 홀로 호수에 남는다. 새끼 오리는 쉬지 않고 헤엄치지만 얼어가는 호수의 표면은 점점 좁아져만 갔다.

지금의 풍요가 주는 가장 큰 문제는 아이러니하게도 항상 결핍에 시달리게 한다는 사실이다. 과잉은 감각을 무디게 하여 점점 더 강한 자극을 찾아가게 만든다. 과잉이 결핍을 유발하는 것이다.

현대 예술의 미니멀리즘Minimalism은 그래서 나왔다. 현실은 더 화려해지지만 예술은 더 단순해졌다. 과잉의 시대에 예술은 원초의 근원을 주목하려고 한다. 얼어가던 호수에 갇힌 미운 오리 새끼는 다음 날 근본을 회복해 백조가 되어 날아오른다.

사람을 불러 모으는 힘

현생인류인 호모사피엔스는 30만 년 전 처음 나와 1만 년 전 농경 생활을 시작하며 정착하기까지 오랫동안 수렵하고 채집하며 유랑했다. 그래서 인류의 첫 예술 행위는 노래이고 최초 예술가는 음유시인이었을 가능성이 높다. 예술 교과서 첫 장에 동굴벽화가 나오는 이유는 그것이 보존됐기 때문이다.

5만 년 전에 만들어진 다섯 구멍의 피리가 발견되기도 했다. 가장 오래된 동굴벽화로 알려진 3만 2000년 전 쇼베Chauvet동굴의 암각화보다 훨씬 일찍 제작된 악기다. 인류는 피리를 만들기 이전부터 노래를 불렀을 것이다. 그러면서 나무통을 두드렸을 것이다. 초기 악기에 비하면 속이 빈 동물 뼈에 다섯 구멍을 낸 피리는 음의 높낮이를 불 수 있는 정교한 연주 도구다.

노래는 이야기를 전달하는 능력이 크다. 음유시인이 이야기를 선율에 실어 리듬감 있게 부르면 많은 사람들이 모여들었다. 플라톤의 《이온》(B.C.399?~388?)은 음유시인에 관한 글이다. 음유시인 이온이 가는 곳마다 지금의 콘서트처럼 사람들이 몰려들었다. 플라톤은 이온이 넓은 공터로 사람들을 불러 모으는 힘을 자력을 가진 자석에 비유하며 신적인 능력이라고 풀어낸다. "어떤 신적인 힘이 그대를 움직이기 때문이오. 그 돌은 무쇠 반지들을 끌어당길 뿐만 아니라 반지들에 힘을 나눠 주어 반지들이 돌과 똑같은 일을 할 수 있게 하지요." 또한 플라톤은 《이온》에서 음유시인이 공동체를 유지하기 위한 질서를 노래했다고 말한다. "착한 사람들과 나쁜 사람들 또는 문외한과 전문가 등이 공동체 안에서 어떻게 교류하며 어울리는지, 하늘과 저승에서는 무슨 일이 일어나는지 들려주지 않나요."

초기 음유시인은 분명히 동물과 다른 인간만의 성질을 노래했을 것이다. 옛날 인류는 험난한 자연에서 살면서 주위의 짐승들을 많이 의식했을 것이다. 그러면서 자신이 동물과 어떻게 다른 존재일까 고민했을 것이다. 북극 지방의 원주민들이 아주 오래전부터 스스로를 이누이트Inuit라고 부르는 점에 그 흔적이 남아 있다. 이누이트는 그들의 언어로 '인간'이라는 뜻이다. 그들은 대대로 백곰, 흰여우 등 주변의 다른 생명체와 다르다고 자신을 불렀다. 고대 그리스의 철학자 디오게네스Diogenes(B.C.412?~B.C.323?)도 등불을 들고 많은 사람 속을 헤치고 다니면서 '사람을 찾는다'고 했다.

어느 시대에나 음유시인은 있었다. 중세에는 음유시인을 트루바두르troubadour나 미네젱거minnesänger라고 불렀다. 그들은 사랑과 기사도 정신을 주로 노래했다. 리하르트 바그너Wilhelm Richard Wagner(1813~1883)는 음유시인 탄호이저Tannhäuser의 전설을 소재로 오페라 〈탄호이저〉(1845)를 쓰기도 했다.

현대에도 음유시인들이 물론 있다. 밥 딜런Bob Dylan(1941-)에게 큰 영향을 준 우디 거스리Woody Guthrie(1912~1967)는 한 라디오 방송에 출현해 청취자들에게 노래집을 우편으로 보내면서 이렇게 말했다고 한다. "이 노래는 28만 년 동안 저작권 승인을 내린 신과 바람 소리에 판권이 있습니다." 현대의 음유시인도 인간을 노래한다.

현대의 음유시인이 노래한 것

2016년 10월 13일 목요일 오후 1시 북유럽의 항구도시 스톡홀름에서 스웨덴 한림원의 사무총장 사라 다니우스가 그해 노벨문학상 수상자를 발표했다. 밥 딜런. 순간 홀은 술렁거렸다. 문학의 경계를 여는 파격에 놀란 반응이었다.

그 시각 딜런은 미국 서남부의 사막 도시 라스베이거스에 머물고 있었다. 한림원은 딜런을 수소문해 발표 2시간 30분 뒤 그의 숙소로 전화를 했다. 전화를 받은 사람은 딜런의 매니저였다. 매니저는 딜런과 통화할 수 없다고 대답했다. 스톡홀름과 9시간 시차가 벌어지는 라스베이거스는 그때 이른 아침 6시 30분이었고 딜런은 자고 있었다. 딜런은 수상 소식을 듣기 위해 자연의 시간을 거스르고 잠에서 깰 인물이 아니었다. 그날 저녁 딜런은 아랑곳하지 않고 예정된 콘서트에서 노래를 불렀다. 이후로도 그는 노벨문학상 수상에 관해 아무런 말도 하지 않았다.

딜런의 침묵에 스웨덴 한림원은 당황한다. 한동안 그의 반응을 기다리던 노벨문학상 선정 위원회는 차츰 불쾌한 감정을 숨기지 않았다. 한림원 회원인 한 스웨덴 작가는 딜런을 무례하고 오만하다고 방송 인터뷰에서 질타했다. 이런 영예를 받고도 감사하기는커녕 소감도 발표하지 않는다고 화를 냈다.

한림원은 문학에 대한 어떠한 한정도 넘어서겠다는 예술적인 자세로 딜런에게 노벨문학상을 수여하면서 그의 무반응에 권위를 내세웠다. 희극적인 상황이 벌어지고 만 것이다. 가수에게 노벨문학상을 주는 바람에 문학의 위상이 훼손됐다고 웅성거렸던 일부 사람들과 다를 바 없는 모습이다. 진지한⑺ 작가들은 노벨문학상을 딜런에게 준 일을 농담으로 받아들이고 싶다며 분개했다.

이 에피소드는 딜런을 잘 알지 못해 일어난 일이다. 아니 예술이나 문학의 성격을 모르는 사람들이 벌인 해프닝이다. 그들은 예술을 특정 틀로 규정하려고 들었다. 딜런의 태도는 도리어 예술을 이해하게 해준다. 그는 어떠한 권위나 집단에 속하는 것을 거부한다. 딜런은 무엇에 속박당하는 것을 두려워했다. 그래서 그는 노벨문학상 수상도 자랑하지 않았다. 딜런은 그저 노래를 부를 뿐이었다. 그래미상을 받았을 때도 퓰리처 특별상을 수상했을 때도 대통령이 직접 국가의 자유훈장을 수여했을 때도 그는 한결같이 담담했다. 수상에 웃거나 울먹이고 감사와 포부를 밝히며 야단스럽게 굴지 않았다. 그가 무례하거나 건방져서 그런 것이 아니다. 그는 그저 노래할 뿐이었다. 노벨문학상을 수상한 해 딜런은 75세였고 55년째 노래를 불렀고 37장의 앨범을 꾸준히 냈다.

딜런을 지금도 저항 가수라고 부르는 사람들이 있다. 그를 저항 가수라고 하면서 어떤 세력은 내 편이라고 주장하고 싶은 거다. 음악을 편을 가르고 패거리 짓는 일의 도구로 쓰려는 거다. 딜런은 이렇게 자신을 어떤 집단에 집어넣어 저항 가수라고 규정하는 것을 무척 싫어했다. 딜런은 이데올로기를 거부하고 오로지 시대와 밀착해 살면서 노래를 불렀다.

♪ 밥 딜런, 〈바람만 아는 대답〉, 1963

딜런의 1963년 두 번째 앨범에는 〈바람만 아는 대답〉이라는 노래가 있다. 이 노래는 충실한 삶을 살고자 하는 인간의 소망을 표현하고 있다. 1절의 가사 일부다.

얼마나 많은 길을 걸어야
인간이라고 부를 수 있을까? (......)

친구들이여, 그 대답은 바람만 알고 있지

그 대답은 바람만 알고 있지

How many roads must a man walk down

Before you call him a man? (......)

The answer, my friends, is blowin' in the wind

The answer is blowin' in the wind

노랫말은 걷는다고 다 인간이라고 부를 수 있는지 묻고 있다. 직립보행은 인간과 동물을 구분하는 특징이다. 인류는 직립보행 했기 때문에 손이 자유로워 도구를 사용할 수 있었다. 직립보행은 인간답다는 척도인 도구 사용과도 밀접하다. 직립보행을 했기 때문에 테크놀로지도 가능했다. 그런데 딜런의 노래는 두 발로 걷는다고 무조건 인간이라고 부를 수 있느냐고 의문을 제기한다.

칠레의 비올레타 파라Violeta Parra(1917~1967)도 현대의 음유시인이다. 파라는 민간에서 구전된 노래를 살려 불렀는데 마지막 작품 〈생에 감사합니다〉는 직접 가사를 쓰고 작곡했다. 이 노래는 아르헨티나의 메르세데스 소사Mercedes Sosa(1935~2009)가 파라 타계 이후 다시 부르면서 널리 알려졌다. 소사는 〈생에 감사합니다〉를 부를 때마다 언제나 먼저 '비올레타 파라는 칠레 사람입니다'라고 시작해 저작권자를 밝혔다. (다음은 여행가 김남희가 번역한 〈생에 감사합니다〉 가사 전체다.)

내게 그토록 많은 것을 준 삶에 감사합니다.

삶은 내게 흰 것과 검은 것, 밤하늘의 빛나는 별,

그리고 많은 사람들 중에서 내 사랑하는 이를

또렷이 구별할 수 있는 두 눈을 주었습니다.

내게 그토록 많은 것을 준 삶에 감사합니다.

삶은 내게 귀뚜라미와 카나리아 소리, 망치 소리, 터빈 소리, 개 짖는

소리, 빗소리,

그리고 내 사랑하는 이의 그토록 부드러운 목소리를

밤낮으로 새겨 넣을 수 있는 귀도 주었습니다.

내게 그토록 많은 것을 준 삶에 감사합니다.

삶은 내게 어머니, 친구, 형제자매,

그리고 내 사랑하는 이의 영혼의 길을 비춰주는 빛,

이런 것들을 떠올리고 말할 수 있는 소리와 문자도 주었습니다.

내게 그토록 많은 것을 준 삶에 감사합니다.

삶은 내게 피곤한 발로도 전진할 수 있게 해주어

나는 그 피곤한 발을 이끌고 도시와 늪지, 해변과 사막, 산과 평원

그리고 당신의 집과 거리와 정원을 거닐 수 있게 해주었습니다.

내게 그토록 많은 것을 준 삶에 감사합니다.

삶은 내게 인간의 정신이 열매를 거두는 것을 볼 때,

악에서 멀리 떠난 선함을 볼 때,

그리고 당신의 맑은 눈, 그 깊은 곳을 응시할 때

그것을 알고 떨리는 심장을 주었습니다.

내게 그토록 많은 것을 준 삶에 감사합니다.

삶은 내게 웃음과 눈물을 주어 슬픔과 행복을 구별할 수 있게 해주었

습니다.

그 슬픔과 행복이 내 노래를 이루었습니다.

이 노래는 당신들의 노래이기도 하며

모든 이들의 노래는 바로 나의 노래이기도 합니다.

내게 그토록 많은 것을 준 삶에 감사합니다.[*]

삶이 주지 않는 것들을 욕망하며 괴로워하는 추한 모습은 노랫말

어디에도 없다. 〈생에 감사합니다〉는 인간다운 삶을 생각하게 해주

는 노래다. 옛날에도 음유시인은 짐승과 다른 인간의 영혼을 노래했

 비올레타 파라, 〈생에 감사합니다〉 by 메르세데스 소사

---

[*] 김남희 지음, 《길 위에서 읽는 시》, 문학동네, 2016, 58~59쪽.

을 것이다.

프란츠 슈베르트의 〈겨울 나그네〉(1828)는 24개 시에 곡을 붙인 가곡집이다. 마지막 곡 〈거리의 악사〉는 음유시인이 마을 변두리에서 만난 손풍금 악사에게 자기 노래의 반주를 부탁하여 따라나서며 끝난다. "나도 같이 갈까, 그대 내 노래에 맞춰 손풍금을 연주해주지 않겠나……."

●

모딜리아니는 〈노란 스웨터를 입은 잔 에뷔테른〉을 그리고 얼마 뒤 파리의 자선 병원에서 세상을 떠났다. 조각을 포기하게 할 정도로 오랫동안 앓았던 결핵이 그 겨울에 도진 것이다. 에뷔테른은 그토록 사랑했던 남편 모딜리아니를 보내고 더 살 수 있는 힘을 잃었다.

화가는 아픈 와중에도 추운 방에서 사랑하는 여인의 영혼을 혼신을 다해 그렸다. 그 그림 〈노란 스웨터를 입은 잔 에뷔테른〉은 루블료프의 〈구원자〉(1410)를 닮았다.

안드레이 루블료프, 〈구원자〉, 1410

예술 수업 6

인생의 두께, 나를 이루는 것들

마지막 장을 쓰는데 자꾸 페데리코 펠리니Federico Fellini(1920-1993) 감
독의 영화 〈길〉(1954)이 떠올랐다. 젤소미나의 맑은 얼굴, 동그란 눈,
그녀의 영혼인 듯 울리는 트럼펫 소리.

바닷가 가난한 집에 사는 젤소미나는 가족의 생계를 위해서 차력
사를 따라 집을 떠나야 했다. 차력사가 내놓은 얼마 안 되는 돈으로
가족은 당장 식량을 구해야 했고 또 입을 하나라도 줄여야 어린 동
생들이 덜 굶을 형편이었다.

차력사 잠파노는 오토바이를 타고 떠돌며 힘을 자랑하는 공연을
벌여 먹고살았다. 젤소미나는 어릿광대 분장을 하고 나팔을 불고 춤
을 추며 공터에 사람들을 모았다. 오토바이 뒤에 매단 짐칸이 그들
의 숙소였다. 백치 같은 젤소미나는 외로운 잠파노에게 자신이 필요
할지 모른다고 생각하며 따라다녔다.

그러나 잠파노는 짐승 같은 삶을 살 뿐이었다. 힘을 내세우고 돈
이 생기면 술을 마시고 또 아무 가책 없이 수도원의 은촛대를 훔쳤

다. 그는 정말 생각 없이 하루하루를 보냈다. 젤소미나는 그가 술집 여자와 어울리면 길거리에 앉아 홀로 밤을 새워야 했다.

그들은 유랑 서커스단에 섞여 공연하기도 했다. 그저 힘만 쓸 줄 아는 차력사를 다른 유랑 광대들도 싫어했다. 그러다 잠파노는 그를 조롱하는 젊은 악사를 큰 주먹을 휘둘러 죽이고야 만다. 놀란 젤소미나는 슬픔으로 정신을 잃는다.

추운 겨울 울다 지쳐 잠든 젤소미나를 들판에 버리고 잠파노는 떠난다. 이제 쓸모없어진 젤소미나가 거추장스러운 것이다. 그는 힘만 믿고 사는 겁 많은 사내였다.

세월이 흐른 뒤, 잠파노는 길을 걷다 젤소미나가 트럼펫으로 자주 불던 곡조를 노래하는 사람을 만난다. 그리고 젤소미나가 그 마을을 떠돌다 죽었다는 사실을 알게 된다. 그날 밤, 잠파노는 바닷가에 쓰러져 오열한다. 그가 우는 까닭을 설명하긴 어렵다. 다만 젤소미나가 죽어 잠파노의 영혼을 살린 것만은 느낄 수 있다. 잠파노에게, 또 관객에게도 젤소미나는 구원자였다.

어떤 영화를 봐도 아주 긴 시간이 흐른 것 같은 착각이 든다. 모든 영화가 인생을 보여주기 때문이다. 두세 시간 남짓한 영화에서 우리는 어느 사람의 삶을 보며 그가 어떤 인물인지 알아본다.

사람은 단순히 수치로 표현될 수 없는 존재다. 누구의 하루도 간단하게 24시간이 아니다. 그가 29세라면 그의 하루는 곧 29년이다.

그가 생각하는 방식, 행동거지에 살아온 인생이 나타나는 것이다. 그가 겪은 고통도 기쁨도 슬픔도 드러난다. 그가 저지른 악행도 몸짓과 생각에 담긴다. 영화가 길게 느껴지는 이유와 비슷하다.

좋은 일을 맞고 싶다면 잘못한 일을 씻어야 한다. 고대 그리스 디오니소스 제전 때 사람들은 염소를 대속물 즉 벌을 대신 받는 존재로 바치고 속죄했다. 염소의 죽음을 자기 악행을 죽이는 일로 삼았다. 희생양 또는 속죄양scapegoat이라는 표현이 거기서 나왔다. 죄가 없어야 축복을 받을 수 있다. 우리도 잘 알듯이 뭔가 잘못한 일이 있으면 그것이 걸려서 다음으로 나가기 힘들다. 더러운 상태로는 꺼림칙해 어떠한 성취도 기쁠 수 없다. 행복하기 위해, 풍요롭기 위해 먼저 자신이 깨끗해야 한다. 그래야 진정한 증강이 이루어질 수 있다.

영화의 몽타주는 사람의 인생에 많은 것들이 스며든다는 점을 보여준다. 나의 정체성은 여러 일들이 스며들어 이루어진다. 문득 바라본 새벽 풍경도 내 어딘가에 쌓여 있다. 그렇게 인생의 두께가 만들어진다.

에필로그

●

1400년 여름, 화가 안드레이 루블료프는 안드로니코프Andronikov 수
도원을 떠나 모스크바 동쪽 외곽 들판으로 나갔다. 길은 질고 험했
다. 루블료프는 한참을 걷다 갑자기 쏟아지는 소낙비를 피해 농가
창고로 들어간다. 그곳은 농부들이 광대와 어울려 왁자지껄 떠들썩
했다.

화가 루블료프는 수도원에서 20여 년을 성상을 그리며 살아왔다.
수사이기도 한 그는 자비와 박애를 암송하며 경건하게 지냈다. 수도
원은 언제나 고요하고 정돈된 평화로운 곳이었다. 그러나 루블료프
가 그곳에서 나와 맞닥뜨린 세상은 어수선하고 시끄러웠다.

수도원 밖의 사람들은 거칠고 투박했다. 그들은 탐욕에 젖어 심하
게 다투면서 더럽고 추악한 모습을 그대로 드러내며 살고 있었다.
중세 러시아는 루블료프가 수도원에서 배웠던 사랑과 평화도 성스
러운 것도 전혀 없는 음울하고 무지하며 속된 세계였다. 게다가 당

시 러시아는 몽골의 지배를 받고 있었다.

칭기즈 칸은 중앙아시아를 정복하여 1206년 몽골제국을 건설하고 러시아 쪽으로 세력을 뻗쳤다. 그의 손자 바투 칸은 러시아 중부 블라디미르를 거쳐 모스크바와 키예프까지 점령하고 킵차크한국을 세운다. 1240년부터 1480년까지 240년 동안 러시아는 몽골의 지배 아래 들어갔다. 러시아 사람들은 그들을 타타르라고 불렀고 그 혹독한 시기를 타타르의 멍에라고 이야기한다.

타타르의 군대는 말을 타고 다니며 공물을 징수했고 이를 거부하는 농민들을 잔인하게 대했다. 때로는 거리에서 만난 사람을 장난감 다루듯 가지고 놀다 학살하기도 했다. 기병대가 지나간 곳은 불길에 휩싸였고 창칼에 쓰러진 사람들의 피비린내가 가득했다. 농민들은 모질고 무자비한 생활을 견뎌야 했다. 그 혹독함이 그들을 더 거칠게 만들었다. 루블료프가 살던 시절은 처참하고 험악한 암흑기였다.

안드레이 타르콥스키는 15세기 연대기에 드문드문 나오는 루블료프에 관한 기록들을 해석하고 상상력을 발휘해 영화 〈안드레이 루블료프〉(1966)를 만들었다. 루블료프의 전기를 다룬 영화로 1400년부터 1424년까지 24년 동안의 화가 생활을 회상하는데, 영화는 특이하게도 그가 그림을 그리는 장면을 한 번도 보여주지 않는다. 다만 루블료프가 거친 세상에서 농민들과 함께 살아가는 모습을 비출

뿐이다.

〈안드레이 루블료프〉의 첫 장면에서 한 농부가 열기구를 타고 날아오른다. 하늘을 나는 비행도 잠시, 그는 이내 추락하고 만다. 그도 자신이 사는 땅의 중력을 거스를 수 없었다. 누구나 땅에 발을 디디고 살아간다. 그렇게 현실을 보여주며 영화가 시작된다.

타르콥스키는 루블료프의 고단한 세상살이를 세 시간 넘게 다룬 후 마지막 장면에서 그가 그린 그림들을 보여준다. 화면은 흑백에서 총천연색으로 바뀌고 우리는 화가 루블료프가 현실의 고난을 겪으며 만든 성화를 드디어 만난다. 그림 〈구원자〉가 영화의 끝을 장식한다.

가로 1미터, 세로 1.5미터가 넘는 목판에 그려진 〈구원자〉는 이제 모스크바 트레티야코프미술관tretyakov gallery 지하 전시실에 있다. 15세기에 제작된 이 그림은 낡아 일부가 떨어져 나갔지만 구원자는 슬픔을 머금은 온화한 눈으로 여전히 앞을 바라보고 있다.

참고 문헌

가우디, 《장식》, 이병기 옮김, 아키트윈스, 2014.

게이, 《모차르트》, 정영목 옮김, 푸른숲, 2006.

그리말, 《그리스로마신화사전》, 최애리 옮김, 열린책들, 2003.

김남희, 《길 위에서 읽는 시》, 문학동네, 2016.

다빈치, 《레오나르도 다 빈치 노트북》, 이홍관 외 옮김, 루비박스, 2006.

딜런, 《밥 딜런 자서전: 바람만이 아는 대답》, 양은모 옮김, 문학세계사, 2010.

마퀴스, 《밥 딜런 평전》, 김백리 옮김, 실천문학사, 2008.

모차르트, 《모차르트의 편지》, 김유동 옮김, 서커스출판상회, 2018.

바사리, 《르네상스 미술가 평전》, 이근배 옮김, 한길사, 2018~2019.

바쇼, 《바쇼 하이쿠 선집》, 류시화 옮김, 열림원, 2015.

섀퍼, 《아마데우스》, 신정옥 옮김, 범우사, 2009.

셸리, 《프랑켄슈타인》, 한애경 옮김, 을유문화사, 2013.

슈바프, 《제4차 산업혁명》, 송경진 옮김, 새로운현재, 2016.

슈보먼, 《음악 철학》, 서원주 옮김, 까치, 2011.

아도르노, 《구스타프 말러》, 이정하 옮김, 책세상, 2004.

아렌트, 《예루살렘의 아이히만》, 김선욱 옮김, 한길사, 2006.

아이작슨, 《아인슈타인 삶과 우주》, 이덕환 옮김, 까치, 2007.

아인슈타인, 《세기의 천재 아인슈타인이 남긴 말》, 김명남 옮김, 에이도스, 2015.

알베르트,《알베르티의 회화론》, 노성두 옮김, 사계절, 1998.

음악지우사 편,《모차르트》, 음악세계 옮김, 음악세계, 2001.

음악지우사 편,《슈베르트》, 음악세계 옮김, 음악세계, 2001.

이시구로,《나를 보내지 마》, 김남주 옮김, 민음사, 2009.

칸트,《판단력 비판》, 백종현 옮김, 아카넷, 2009.

키르케고르,《이것이냐 저것이냐》, 임춘갑 옮김, 다산글방, 2008.

테그마크,《라이프 3.0》, 백우진 옮김, 동아시아, 2017.

프루스트,《잃어버린 시간을 찾아서》, 김창석 옮김, 국일미디어, 1998.

플라톤,《이온, 크라튈로스》, 천병희 옮김, 도서출판 숲, 2014.

헤시오도스,《신들의 계보》, 천병희 옮김, 도서출판 숲, 2009.

호프스태터,《괴델, 에셔, 바흐》, 박여성·안병서 옮김, 까치, 2017.

휘트포드,《바우하우스》, 이대일 옮김, 시공아트, 2000.

Aristoteles, *De Anima: On the soul*, trans. M. Shiffman, Newburyport: Focus publishing, 2011.

Aristoteles, *Nicomachean ethics*, trans. C. Robert and S. Collins, Chicago: Univ. of Chicago press, 2011.

Chadwick, *Boethius, the consolations of music, kogic, theology and philosophy*, Oxford: Clarendon press, 1981.

Chekhov, *Polnoe sobranie sochinenii*, Moskva: Eksmo, 2016.

Daix, *Picasso: life and art*, New York: Avalon publishing, 1994.

Dantz ed., *Futurism: Its manifesto by Filippo Tommaso Marinetti, architecture, music and literature*, Webster's digital services, 2012.

Droste, *Bauhaus 1919~1933*, Köln: Taschen, 2012.

Eisenstein, *Film form: essays in film theory*, Princeton: Princeton univ. press, 2016.

Gilbert, *Physics in the arts*, Cambridge: Academic press, 2011.

Hanslick, *Eduard Hanslick's on the musically beautiful*, trans. L. Rothfarb and C. Landerer, Oxford: Oxford univ. press, 2018.

Klee, *Paul Klee: irony at work*, Munich: Prestel, 2016.

Mondrian, *The new art, The new life: the collected writings of Piet Mondrian*, ed. H. Harry and S. Martin, New York: Da Capo press, 1993.

Platon, *Six great dialogues*, trans. B. Jowett, New York: Dover publications INC, 2007.

Pyshkin, *Polnoe sobranie sochinenii*, Moskva: Eksmo, 2014.

Rewald, *The history of impressionism*, New York: The museum of modern art, 1973.

Schneider, *Vermeer*, Cologne: Taschen, 1993.

Secrest, *Modigliani: a life*, New York: Alfred A. Knopf, 2011.

Shakespeare, *The riverside Shakespeare*, Boston: Houghton Mifflin company, 1997.

Tarkovsky, *Sculpting in time*, trans. Kitty Hunter-Blair, Austin: Univ. of Texas press, 1986.

Tolstoy, *Polnoe sobranie sochinenii v 90 tomakh*, Moskva: Khudozh -estvennaia literatura, 1992.

Vinci, *O nauke i iskusstbe*, Sant-Peterburg: Amfora, 2005.

찾아보기

예술적 상상력

초판 1쇄 발행 2019년 12월 31일
초판 6쇄 발행 2021년 9월 6일

지은이 | 오종우
발행인 | 김형보
편집 | 최윤경, 강태영, 이경란, 양다은, 임재희
마케팅 | 이연실, 김사룡, 이하영
디자인 | 송은비
경영지원 | 최윤영

발행처 | 어크로스출판그룹(주)
출판신고 | 2018년 12월 20일 제 2018-000339호
주소 | 서울시 마포구 양화로10길 50 마이빌딩 3층
전화 | 070-8724-0876(편집) 070-8724-5877(영업) 팩스 | 02-6085-7676
e-mail | across@acrossbook.com

ⓒ 오종우 2019

ISBN 979-11-90030-28-1 03100

이 도서의 국립중앙도서관 출판예정도서목록(CIP)은 서지정보유통지원시스템 홈페이지 (http://seoji.nl.go.kr)와 국가자료공동목록시스템(http://www.nl.go.kr/kolisnet)에서 이용하실 수 있습니다. (CIP제어번호 : CIP2019050454)

만든 사람들
편집 | 서지우
디자인 | 오필민디자인